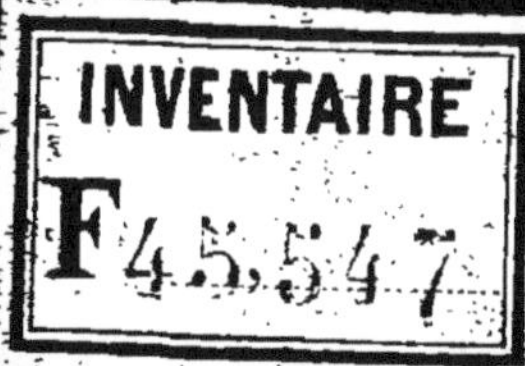

CODE
DU
RECRUTEMENT DE L'ARMÉE

ARMÉE ACTIVE — RÉSERVE

GARDE NATIONALE MOBILE — GARDE NATIONALE SÉDENTAIRE

Par Louis TRIPIER

Avocat, Docteur en droit

[illegible] FRANÇAIS ANNOTÉS DE TOUS LES TEXTES [illegible]

[illegible] A LEUR INTELLIGENCE;

[illegible] CODES DE JUSTICE MILITAIRE POUR [illegible] L'ARMÉE DE TERRE ET POUR L'ARMÉE DE MER, ETC.

PRIX : 50 CENTIMES.

PARIS

LIBRAIRIE DU PETIT JOURNAL

21, Boulevard Montmartre, 21

1868

CODE

DU

RECRUTEMENT DE L'ARMÉE

CODE
DU
RECRUTEMENT DE L'ARMÉE

ARMÉE ACTIVE. — RÉSERVE

GARDE NATIONALE MOBILE. — GARDE NATIONALE SÉDENTAIRE

Par Louis TRIPIER

Avocat, Docteur en droit

AUTEUR DES CODES FRANÇAIS ANNOTÉS DE TOUS LES TEXTES NÉCESSAIRES A LEUR INTELLIGENCE;
DES COMMENTAIRES DES CODES DE JUSTICE MILITAIRE POUR L'ARMÉE DE TERRE ET POUR L'ARMÉE DE MER, ETC...

PRIX : 50 CENTIMES.

PARIS
LIBRAIRIE DU PETIT JOURNAL
21, Boulevard Montmartre, 21

1868

INTRODUCTION

En présence des changements importants introduits dans la composition des armées étrangères, la France ne pouvait, sans déchoir du rang élevé qu'elle occupe dans le monde, rester en arrière. Le gouvernement de l'Empereur n'a pas failli à sa mission. La loi du 1er février 1868, en combinant le temps passé sous les drapeaux avec une forte et puissante réserve et l'organisation de la garde nationale mobile, a, sans augmenter les charges des populations, mis nos forces sur un pied tellement imposant que la France sera toujours en mesure de faire respecter, et au besoin d'assurer le triomphe des causes justes dans lesquelles son honneur et ses intérêts seront engagés. C'est donc avec raison que l'honorable M. Dumas, dans son remarquable rapport fait à la séance du Sénat du 23 janvier 1868, a porté, sur la loi du 1er février 1868, le jugement suivant, jugement que l'opinion publique ratifiera.

« Loin d'introduire des charges plus lourdes, la loi nouvelle apporte aux exigences du recrutement et du service militaire des adoucissements réels pour les populations.

« Elle n'augmente pas le chiffre du contingent toujours soumis au vote des représentants du pays ;

« Elle élargit et étend les cas d'exemption ;

« Elle abrége de deux ans la durée du service sous les drapeaux ;

« Elle maintient la faculté de se libérer du service militaire, non plus par l'exonération, mais par le remplacement;

« Elle laisse aux hommes de la réserve pleine liberté de se marier trois ans avant leur libération, et, si elle leur impose l'obligation de reparaître sous les drapeaux, c'est seulement en cas de guerre.

« En organisant la garde nationale mobile, elle se borne à régulariser des dispositions légales dont le principe n'a jamais été abrogé, et elle les modère, puisqu'elle n'y comprend que les hommes de 21 à 26 ans, tandis que la loi fondamentale de 1831 y comprenait les hommes de 20 à 35 ans; elle respecte tous leurs droits et toutes leurs libertés, et n'exige d'eux, chaque année, en temps de paix, que le sacrifice de quelques jours nécessaires à leur instruction; en temps de guerre, elle leur demande ce que tout Français doit au pays pour la défense du territoire.

« Œuvre de sûreté nationale, cette loi garantit à la France la durée de sa grandeur et la conservation de son rang.

« Œuvre de concorde, elle donne la certitude qu'en présence de la France forte et satisfaite, la paix ne sera pas troublée autour d'elle.

« Œuvre politique, elle montre à l'Europe l'Empereur et sa dynastie vouant avec calme toutes les forces du pays aux travaux de la paix, sûrs qu'aux jours de péril la nation armée serait prête désormais à se lever pour faire respecter ses droits, ses intérêts ou son honneur, et pour défendre le Chef qu'elle s'est donné. »

CODE DU RECRUTEMENT

LOI du 21 Mars 1832, sur le recrutement de l'Armée.

Titre Ier.

DISPOSITIONS GÉNÉRALES.

ART. 1er. L'armée se recrute par des appels et des engagements volontaires, conformément aux règles prescrites ci-après, titres II et III.

2. Nul ne sera admis à servir dans les troupes françaises, s'il n'est Français.

Tout individu né en France de parents étrangers sera soumis aux obligations imposées par la présente loi, immédiatement après qu'il aura été admis à jouir du bénéfice de l'article 9 du Code civil (Napoléon) (1).

(1) Code Napoléon :

ART. 9. — Tout individu né en France d'un étranger pourra, dans l'année qui suivra l'époque de sa majorité, réclamer la qualité de *français;* pourvu que, dans le cas où il résiderait en France, il déclare que son intention est d'y fixer son domicile, et que, dans le cas où il résiderait en pays étranger, il fasse sa soumission de fixer en France son domicile, et qu'il l'y établisse dans l'année, à compter de l'acte de soumission.

Loi du 22 mars 1849, modifiant l'article 9 du Code Napoléon.

ARTICLE UNIQUE. — L'individu né en France d'un étranger sera admis, même après l'année qui suivra l'époque de sa majorité, à faire la déclaration prescrite par l'article 9 du Code

Sont exclus du service militaire, et ne pourront, à aucun titre, servir dans l'armée :

1° Les individus qui ont été condamnés à une peine afflictive ou infamante (1);

2° Ceux condamnés à une peine correctionnelle de deux ans d'emprisonnement et au-dessus, et qui, en outre, ont été placés par le jugement de condamnation sous la surveillance de la haute police, et interdits des droits civiques, civils et de famille.

Napoléon, s'il se trouve dans l'une des deux conditions suivantes :

1° S'il sert ou s'il a servi dans les armées françaises de terre ou de mer;

2° S'il a satisfait à la loi du recrutement sans exciper de son extranéité.

Loi du 7 février 1851, concernant les individus nés en France d'étrangers qui eux-mêmes y sont nés, et les enfants des étrangers naturalisés.

Art. 1er — Est français tout individu né en France d'un étranger qui lui-même y est né, à moins que, dans l'année qui suivra l'époque de sa majorité, telle qu'elle est fixée par la loi française, il ne réclame la qualité d'étranger par une déclaration faite, soit devant l'autorité municipale du lieu de sa résidence, soit devant les agents diplomatiques ou consulaires accrédités en France par le gouvernement étranger.

Art. 2. — L'article 9 du Code Napoléon est applicable aux enfants de l'étranger naturalisé, quoique nés en pays étranger, s'ils étaient mineurs lors de la naturalisation.

A l'égard des enfants nés en France ou à l'étranger, qui étaient majeurs à cette même époque, l'article 9 du Code Napoléon leur est applicable dans l'année qui suivra celle de ladite naturalisation.

(1) Code pénal :

Art. 7. — Les peines afflictives et infamantes sont : — 1° la mort; — 2° les travaux forcés à perpétuité; — 3° la déportation; — 4° les travaux forcés à temps; — 5° la détention; — 6° la réclusion.

Art. 8. — Les peines infamantes sont : — 1° Le bannissement; — 2° la dégradation civique.

3. L'armée se compose, dans les proportions qui résultent des lois annuelles de finances et du contingent :

1° De l'effectif entretenu sous les drapeaux;

2° Des hommes qui sont laissés ou envoyés en congé dans leurs foyers.

Titre II.

DES APPELS.

4. *Ainsi modifié* (loi du 1er février 1868) : Le tableau de la répartition entre les départements du nombre d'hommes à fournir en vertu de la loi annuelle du contingent pour les troupes de terre et de mer sera annexé à ladite loi.

Les premiers numéros sortis au tirage au sort déterminé par l'article suivant formeront le contingent des troupes de mer (1).

5. Le contingent assigné à chaque canton sera fourni par un tirage au sort entre les jeunes Français qui auront leur domicile légal dans le canton, et qui auront atteint l'âge de vingt ans révolus dans le courant de l'année précédente (2).

6. Seront considérés comme légalement domiciliés dans le canton :

1° Les jeunes gens, même émancipés, engagés, établis au dehors, expatriés, absents ou détenus, si d'ailleurs

(1) L'ancien article 4 était ainsi conçu : Le tableau de la répartition, entre les départements, du nombre d'hommes à fournir, en vertu de la loi annuelle du contingent, pour les troupes de terre et de mer, sera annexé à ladite loi.

Le mode de cette répartition sera fixé par la même loi.

(2) Code Napoléon.

Art. 102. — Le domicile de tout Français, quant à l'exercice de ses droits civils, est au lieu où il a son principal établissement.

Art. 103. — Le changement de domicile s'opérera par le fait d'une habitation réelle dans un autre lieu, joint à l'intention d'y fixer son principal établissement.

Art. 104. — La preuve de l'intention résultera d'une dé-

eurs père, mère ou tuteur ont leur domicile dans une des communes du canton, ou s'ils sont fils d'un père expatrié qui avait son dernier domicile dans une desdites communes ;

2° Les jeunes gens mariés dont le père ou la mère, à défaut de père, sont domiciliés dans le canton, à moins qu'ils ne justifient de leur domicile réel dans un autre canton ;

3° Les jeunes gens mariés et domiciliés dans le canton, alors même que leur père ou leur mère n'y seraient pas domiciliés ;

4° Les jeunes gens nés et résidant dans le canton qui n'auraient ni leur père, ni leur mère, ni tuteur ;

5° Les jeunes gens résidant dans le canton qui ne seraient dans aucun des cas précédents, et qui ne justifieraient pas de leur inscription dans un autre canton.

7. Seront, d'après la notoriété publique, considérés comme ayant l'âge requis pour le tirage, les jeunes gens qui ne pourront produire, ou n'auront pas produit avant le tirage, un extrait des registres de l'état civil, constatant un âge différent, ou qui, à défaut de registres, ne pour-

claration expresse, faite tant à la municipalité du lieu qu'on quittera, qu'à celle du lieu où on aura transféré son domicile.

Art. 105. — A défaut de déclaration expresse, la preuve de l'intention dépendra des circonstances.

Art. 106. — Le citoyen appelé à une fonction publique temporaire ou révocable, conservera le domicile qu'il avait auparavant, s'il n'a pas manifesté d'intention contraire.

Art. 107. — L'acceptation de fonctions conférées à vie emportera translation immédiate du domicile du fonctionnaire dans le lieu où il doit exercer ces fonctions.

Art 108. — La femme mariée n'a point d'autre domicile que celui de son mari. Le mineur non émancipé aura son domicile chez ses père et mère ou tuteur : le majeur interdit aura le sien chez son tuteur.

Art 109. — Les majeurs qui servent ou travaillent habituellement chez autrui, auront le même domicile que la personne qu'ils servent ou chez laquelle ils travaillent, lorsqu'ils demeureront avec elle dans la même maison.

ront prouver ou n'auront pas prouvé leur âge, conformément à l'article 46 du Code civil (Napoléon) (1).

Ils suivront la chance du numéro qu'ils auront obtenu.

8. Les tableaux de recensement des jeunes gens du canton soumis au tirage d'après les règles précédentes seront dressés par les maires :

1° Sur la déclaration à laquelle seront tenus les jeunes gens, leurs parents ou tuteurs ;

2° D'office, d'après les registres de l'état civil et tous autres documents ou renseignements.

Ils seront ensuite publiés et affichés dans chaque commune et dans les formes prescrites par les articles 63 et 64 du Code civil (Napoléon).

Un avis publié dans les mêmes formes indiquera les lieu, jour et heure où il sera procédé à l'examen desdits tableaux et à la désignation, par le sort, du contingent cantonal (2).

9. Si, dans l'un des tableaux de recensement des an-

(1) Code Napoléon.

Art. 46. — Lorsqu'il n'aura pas existé de registres, ou qu'ils seront perdus, la preuve en sera reçue tant par titres que par témoins; et dans ces cas, les mariages, naissances et décès, pourront être prouvés tant par les registres et papiers émanés des père et mère décédés, que par témoins.

(2) Code Napoléon.

Art. 63. — Avant la célébration du mariage, l'officier de l'état civil fera deux publications, à huit jours d'intervalle, un jour de dimanche, devant la porte de la maison commune. Ces publications, et l'acte qui en sera dressé, énonceront les prénoms, noms, professions et domiciles des futurs époux, leur qualité de majeurs ou de mineurs, et les prénoms, noms, professions et domiciles de leurs pères et mères. Cet acte énoncera, en outre, les jours, lieux et heures où les publications auront été faites ; il sera inscrit sur un seul registre, qui sera coté et paraphé comme il est dit en l'article 41, et déposé, à la fin de chaque année, au greffe du tribunal de l'arrondissement.

Art. 64. — Un extrait de l'acte de publication sera et restera affiché à la porte de la maison commune, pendant

nées précédentes, des jeunes gens ont été omis, ils seront inscrits sur le tableau de l'année qui suivra celle où l'omission aura été découverte, à moins qu'ils n'aient trente ans accomplis.

10. Dans les cantons composés de plusieurs communes, l'examen des tableaux de recensement et le tirage au sort auront lieu au chef-lieu de canton, en séance publique, devant le sous-préfet, assisté des maires du canton. Dans les communes qui forment un ou plusieurs cantons, le sous-préfet sera assisté du maire et de ses adjoints.

Le tableau sera lu à haute voix. Les jeunes gens, leurs parents ou ayants cause, seront entendus dans leurs observations. Le sous-préfet statuera, après avoir pris l'avis des maires. Le tableau rectifié, s'il y a lieu, et définitivement arrêté, sera revêtu de leurs signatures.

Dans les cantons composés de plusieurs communes, l'ordre dans lequel elles seront appelées pour le tirage sera, chaque fois, indiqué par le sort.

11. Le sous-préfet inscrira en tête de la liste du tirage les noms des jeunes gens qui se trouveront dans les cas prévus par le second paragraphe de l'article 38 ci-après.

Les premiers numéros leur seront attribués de droit : ces numéros seront en conséquence extraits de l'urne avant l'opération du tirage.

12. Avant de commencer l'opération du tirage, le sous-préfet comptera publiquement les numéros déposés dans l'urne ; et, après s'être assuré que ce nombre est égal à celui des jeunes gens appelés à y concourir, il en fera la déclaration à haute voix.

Aussitôt après, chacun des jeunes gens appelés dans

les huit jours d'intervalle de l'une à l'autre publication. Le mariage ne pourra être célébré avant le troisième jour, depuis et non compris celui de la seconde publication.

Art. 41. — Les registres seront cotés par première et dernière, et paraphés sur chaque feuille, par le président du tribunal de première instance, ou par le juge qui le remplacera.

l'ordre du tableau prendra dans l'urne un numéro qui sera immédiatement proclamé et inscrit. Les parents des absents, ou, à leur défaut, le maire de leur commune, tireront à leur place.

L'opération du tirage achevée sera définitive : elle ne pourra, sous aucun prétexte, être recommencée, et chacun gardera le numéro qu'il aura tiré.

La liste, par ordre de numéros, sera dressée au fur et à mesure du tirage. Il y sera fait mention des cas et des motifs d'exemption ou de déduction que les jeunes gens ou leurs parents, ou les maires des communes, se proposeront de faire valoir devant le conseil de révision dont il sera parlé ci-après. Le sous-préfet y ajoutera ses observations.

La liste du tirage sera ensuite lue, arrêtée et signée de la même manière que le tableau de recensement, et annexée avec ledit tableau au procès-verbal des opérations. Elle sera publiée et affichée dans chaque commune du canton.

13. *Ainsi modifié* (loi du 1er février 1868) : Seront exemptés et remplacés, dans l'ordre des numéros subséquents, les jeunes gens que leur numéro désignera pour faire partie du contingent, et qui se trouveront dans un des cas suivants, savoir :

1° Ceux qui n'auront pas la taille d'un mètre cinquante-cinq centimètres (1) ;

2° Ceux que leurs infirmités rendront impropres au service (2) ;

(1) La taille, qui était d'un mètre cinquante-six centimètres a été abaissée à un mètre cinquante-cinq centimètres par la loi nouvelle, ce qui augmente les chances de ceux qui ont obtenu des numéros élevés à ne pas faire partie du contingent.

(2) Les nos 2, 3, 4, 5, 6 et le no 7, jusqu'à ces mots : (*Les causes d'exemption prévues par les nos 3, 4, 5, 6 et 7 ci-dessus*, et tout ce qui suit jusqu'à la fin dudit article 13) mots qui ont été ajoutés par la loi nouvelle, ne sont que la reproduction littérale de l'article 13 de la loi de 1832 et ils devront

3° L'aîné d'orphelins de père et de mère (1) ;

4° Le fils unique ou l'aîné des fils, ou, à défaut de fils ou de gendre, le petit-fils unique ou l'aîné des petits-fils, d'une femme actuellement veuve, ou d'un père aveugle, ou entré dans sa soixante et dixième année.

Dans les cas prévus par les paragraphes ci-dessus notés 3° et 4°, le frère puîné jouira de l'exemption, si le frère aîné est aveugle ou atteint de toute autre infirmité incurable qui le rende impotent (1) ;

5° Le plus âgé de deux frères appelés à faire partie du même tirage et désignés tous deux par le sort, si le plus jeune est reconnu propre au service (1) ;

6° Celui dont un frère sera sous les drapeaux à tout autre titre que pour remplacement (1) ;

7° Celui dont un frère sera mort en activité de service, ou aura été réformé, ou admis à la retraite, pour blessures reçues dans un service commandé, ou infirmités contractées dans les armées de terre ou de mer.

être entendus de la même manière qu'on les appliquait alors.

Sous la loi de 1832 les causes d'exemption prévues par les n°s 3, 4, 5, 6 et 7 de l'article 13 devaient, comme aujourd'hui, pour produire leur effet, exister au jour où le conseil de révision est appelé à statuer. Toutefois le nouvel article 13 a, par son dernier paragraphe, fait une exception et élargi le cercle des exemptions en consacrant le droit pour l'appelé qui, postérieurement, soit à la décision du conseil de révision, soit au 1er juillet, deviendra l'aîné d'orphelins de père et de mère, le fils unique ou l'aîné des fils, ou, à défaut de fils ou de gendre, le petit-fils unique ou l'aîné des petits-fils d'une femme veuve ou d'un père aveugle, d'être sur sa demande et pour le temps qu'il a encore à servir, assimilé au militaire de la réserve, et il ne pourra plus être rappelé qu'en temps de guerre.

Ainsi l'article 13 nouveau, tant par l'abaissement de la taille à un mètre cinquante-cinq centimètres que par l'exception contenue en son dernier paragraphe, est moins onéreux et plus favorable que l'ancien article 13 de la loi du 21 mars 1832.

(1) *Voir la note* 2, *page* 13.

L'exemption accordée conformément aux numéros 6 et 7 ci-dessus sera appliquée dans la même famille autant de fois que les mêmes droits s'y reproduiront.

Seront comptées néanmoins en déduction desdites exemptions, les exemptions déjà accordées aux frères vivants, en vertu du présent article, à tout autre titre que pour infirmités.

Le jeune homme omis qui ne se sera pas présenté par lui ou ses ayants cause, pour concourir au tirage de la classe à laquelle il appartenait, ne pourra réclamer le bénéfice des exemptions indiquées par les numéros 3, 4, 5, 6 et 7 du présent article, si les causes de ces exemptions ne sont survenues que postérieurement à la liste du contingent de sa classe (1).

Les causes d'exemptions prévues par les numéros 3, 4, 5, 6 et 7 ci-dessus devront, pour produire leur effet, exister au jour où le conseil de révision est appelé à statuer.

Celles qui surviendront entre la décision du conseil de révision et le 1er juillet, point de départ de la durée du service de chaque contingent, ne modifieront pas la position légale des jeunes gens désignés pour en faire définitivement partie.

Néanmoins, l'appelé qui, postérieurement soit à la décision du conseil de révision, soit au 1er juillet, deviendra l'aîné d'orphelins de père et de mère, le fils unique ou l'aîné des fils, ou, à défaut du fils ou du gendre, le petit-fils unique ou l'aîné des petits-fils d'une femme veuve ou d'un père aveugle sera, sur sa demande et pour le temps qu'il a encore à servir, assimilé au militaire de la réserve, et ne pourra plus être rappelé qu'en temps de guerre.

14. Seront considérés comme ayant satisfait à l'appel et comptés numériquement en déduction du contingent à former, les jeunes gens désignés par leur numéro pour faire partie dudit contingent qui se trouveront dans l'un des cas suivants :

(1) *Voir la note 2, page 13.*

1° Ceux qui seraient déjà liés au service, dans les armées de terre ou de mer, en vertu d'un engagement volontaire, d'un brevet ou d'une commission, sous la condition qu'ils seront, dans tous les cas, tenus d'accomplir le temps de service prescrit par la présente loi ;

2° Les jeunes marins portés sur les registres matricules de l'inscription maritime, conformément aux règles prescrites par les articles 1, 2, 3, 4 et 5 de la loi du 25 octobre 1795 (3 brumaire an IV), et les charpentiers de navire, perceurs, voiliers et calfats immatriculés, conformément à l'article 44 de ladite loi ;

3° Les élèves de l'école polytechnique, à condition qu'ils passeront, soit dans ladite école, soit dans les services publics, un temps égal à celui fixé par la présente loi pour le service militaire ;

4° Ceux qui, étant membres de l'instruction publique, auraient contracté, avant l'époque déterminée pour le tirage au sort, et devant le conseil de l'université, l'engagement de se vouer à la carrière de l'enseignement :

La même disposition est applicable aux élèves de l'école normale centrale de Paris, à ceux de l'école dite de *jeunes de langue*, et aux professeurs des institutions royales des sourds-muets ;

5° Les élèves des grands séminaires, régulièrement autorisés à continuer leurs études ecclésiastiques ; les jeunes gens autorisés à continuer leurs études pour se vouer au ministère dans les autres cultes salariés par l'Etat, sous la condition, pour les premiers, que, s'ils ne sont pas entrés dans les ordres-majeurs à vingt-cinq ans accomplis, et pour les seconds, que s'ils n'ont pas reçu la consécration dans l'année qui suivra celle où ils auraient pu la recevoir, ils seront tenus d'accomplir le temps de service prescrit par la présente loi ;

6° Les jeunes gens qui auront remporté les grands prix de l'institut ou de l'université.

Les jeunes gens désignés par leur numéro pour faire partie du contingent cantonal, et qui en auront été déduits conditionnellement en exécution des numéros 1, 3,

4 et 5 du présent article, lorsqu'ils cesseront de suivre la carrière en vue de laquelle ils auront été comptés en déduction du contingent, seront tenus d'en faire la déclaration au maire de leur commune dans l'année où ils auront cessé leur service, fonctions ou études, et de retirer expédition de leur déclaration.

Faute par eux de faire cette déclaration et de la soumettre au visa du préfet du département dans le délai d'un mois, ils seront passibles des peines prononcées par le premier paragraphe de l'article 38 de la présente loi.

Ils seront rétablis dans le contingent de leurs classes, sans déduction du temps écoulé depuis la cessation desdits services, fonctions ou études, jusqu'au moment de la déclaration.

15. *Ainsi modifié* (loi du 1er février 1868) : Les opérations du recrutement seront revues, les réclamations auxquelles ces opérations auraient pu donner lieu, seront entendues et les causes d'exemption et de déduction seront jugées, en séance publique, par un conseil de révision composé :

Du préfet, président, ou, à son défaut, du secrétaire général, ou du conseiller de préfecture délégué par le préfet (1) ;

D'un conseiller de préfecture ;

D'un membre du conseil général du département ;

D'un membre du conseil d'arrondissement, tous trois à la désignation du préfet ;

D'un officier général supérieur désigné par l'Empereur.

Un membre de l'intendance militaire assistera aux opération du conseil de révision : il sera entendu toutes les fois qu'il le demandera et pourra faire consigner ses observations aux registres des délibérations.

Le conseil de révision se transportera dans les divers cantons ; toutefois, suivant les localités, le préfet pourra

(1) La nouvelle loi n'a fait qu'ajouter dans ce paragraphe ces mots *du secrétaire général* ; sauf cette addition, le nouvel article 15 n'est que la reproduction littérale de l'ancien article 15.

réunir dans le même lieu plusieurs cantons pour les opérations du conseil.

Le sous-préfet ou le fonctionnaire par lequel il aurait été suppléé pour les opérations du tirage, assistera aux séances que le conseil de révision tiendra dans l'étendue de son arrondissement.

Il y aura voix consultative.

16. Les jeunes gens qui, d'après leurs numéros, pourront être appelés à faire partie du contingent, seront convoqués, examinés et entendus par le conseil de révision.

S'ils ne se rendent point à la convocation, ou s'ils ne se font pas représenter, ou s'ils n'obtiennent pas un délai, il sera procédé comme s'ils étaient présents.

Dans les cas d'exemption pour infirmités, les gens de l'art seront consultés.

Les autres cas d'exemption ou de déduction seront jugés sur la production de documents authentiques, ou à défaut de documents, sur des certificats signés de trois pères de famille domiciliés dans le même canton, dont les fils sont soumis à l'appel ou ont été appelés. Ces certificats devront en outre être signés et approuvés par le maire de la commune du réclamant.

17. Le conseil de révision statuera également sur les substitutions de numéros et les demandes de remplacement.

18. Les substitutions de numéros sur la liste cantonale pourront avoir lieu, si celui qui se présente à la place de l'appelé est reconnu propre au service par le conseil de révision.

19. Les jeunes gens compris définitivement dans le contingent cantonal pourront se faire remplacer.

Le remplacement ne pourra avoir lieu qu'aux conditions suivantes :

Le remplaçant devra :

1° Etre libre de tout service et obligations imposés soit par la présente loi, soit par celle du 25 octobre 1795, sur l'inscription maritime ;

2° Etre âgé de vingt à trente ans au plus, ou de vingt à

trente-cinq, s'il a été militaire, ou de dix-huit à trente s'il est frère du remplacé ;

3° N'être ni marié, ni veuf avec enfants ;

4° Avoir au moins la taille d'un mètre cinquante-six centimètres, s'il n'a pas déjà servi dans l'armée, et réunir les autres qualités requises pour faire un bon service ; (1)

5° N'avoir pas été réformé du service militaire ;

6° Suivant sa position, être porteur des certificats spécifiés dans les articles 20 et 21 ci-après.

20. Le remplaçant produira un certificat délivré par le maire de la commune de son dernier domicile. Si le remplaçant ne compte pas au moins une année de séjour dans cette commune, il sera tenu d'en produire également un autre du maire de la commune ou des maires des communes où il aura été domicilié pendant le cours de cette année.

Les certificats devront contenir le signalement du remplaçant, et attester ;

1° La durée du temps pendant lequel il a été domicilié dans la commune ;

2° Qu'il jouit de ses droits civils ;

3° Qu'il n'a jamais été condamné à une peine correctionnelle pour vol, escroquerie, abus de confiance, ou attentat aux mœurs.

Dans le cas où le maire de la commune ne connaîtrait pas l'individu qui ferait la demande de ce certificat, il devra en constater légalement l'identité, et recueillir les preuves et témoignages qu'il jugera convenables pour arriver à la connaissance de la vérité,

21. Si le remplaçant a été militaire, outre le certificat du maire, il devra produire un certificat de bonne conduite du corps dans lequel il aura servi.

22. Le remplaçant sera admis par le conseil de révision du département dans lequel le remplacé a concouru au tirage.

23. Le remplacé sera, pour le cas de désertion, responsable de son remplaçant pendant un an à compter du jour de l'acte passé devant le préfet. Il sera libéré si le rempla-

(1) Voyez l'article 13 1° et la *note* 1.

çant meurt sous les drapeaux, ou si, en cas de désertion, il est arrêté pendant l'année.

24. Les actes de substitution et de remplacement seront reçus par le préfet, dans les formes prescrites pour les actes administratifs.

Les stipulations particulières qui pourraient avoir lieu entre les contractants, à l'occasion des substitutions et remplacements, seront soumises aux mêmes règles et formalités que tout autre contrat civil.

25. Hors les cas prévus ci-après, article 26 et 27, les décisions du conseil de révision seront définitives.

26. Lorsque les jeunes gens désignés par leur numéro pour faire partie du contingent cantonal auront fait des réclamations dont l'admission ou le rejet dépendra de la décision à intervenir sur des questions judiciaires relatives à leur état ou à leurs droits civils, des jeunes gens en pareil nombre, suivant l'ordre du tirage, seront désignés pour suppléer ces réclamants, s'il y a lieu. Ils ne seront appelés que dans les cas où, par l'effet des décisions judiciaires, les réclamants seraient définitivement libérés.

Ces questions seront jugées contradictoirement avec le préfet, à la requête de la partie la plus diligente.

Les tribunaux statueront sans délai, le ministère public entendu, sauf appel.

27. La disposition de l'article précédent relative aux jeunes gens appelés conditionnellement sera également appliquée lorsqu'aux termes de l'article 41 ci-après, des jeunes gens auront été déférés aux tribunaux comme prévenus de s'être rendus impropres au service, lorsque le conseil de révision aura accordé un délai pour production de pièces justificatives, ou pour cas d'absence, lequel délai ne pourra excéder vingt jours.

28. Après que le conseil de révision aura statué sur les exemptions, déductions, substitutions, remplacements, ainsi que sur toutes les réclamations auxquelles les opérations du recrutement auront pu donner lieu, la liste du contingent de chaque canton sera définitivement arrêtée et signée par le conseil de révision, et les noms inscrits seront proclamés.

Les jeunes gens qui, aux termes des articles 26 et 27, sont appelés les uns à défaut des autres ne seront inscrits sur la liste du contingent que conditionnellement, et sous la réserve de leurs droits.

Le conseil déclarera ensuite que les jeunes gens qui ne sont pas inscrits sur cette liste sont définitivement libérés. Cette déclaration, avec l'indication du dernier numéro compris dans le contingent cantonal, sera publiée et affichée dans chaque commune du canton.

Dès que les délais accordés en vertu de l'article 27 seront expirés, ou que les tribunaux auront statué en exécution des articles 26 et 41, le conseil prononcera de la même manière la libération des réclamants ou des jeunes gens conditionnellement désignés pour les suppléer.

Le conseil de révision ne pourra statuer ultérieurement sur les jeunes gens portés sur les listes du contingent que pour les demandes de substitution et de remplacement.

La réunion de toutes les listes du contingent de chaque canton d'un même département formera la liste du contingent départemental.

29. Les jeunes gens définitivement appelés, ou ceux qui ont été admis à les remplacer, seront immédiatement répartis entre les corps de l'armée, et inscrits sur les registres matricules des corps pour lesquels ils seront désignés.

Néanmoins ils seront, d'après l'ordre de leurs numéros et les proportions déterminées par les lois annuelles du contingent, divisés en deux classes, composées, la première, de ceux qui devront être mis en activité, et la seconde de ceux qui seront laissés dans leurs foyers.

Les jeunes soldats compris dans la seconde classe ne pourront être mis en activité qu'en vertu d'une ordonnance royale.

30. *Ainsi modifié* (Loi du 1er février 1868) : La durée du service pour les jeunes soldats faisant partie des deux portions du contingent mentionnées dans l'article précédent est de cinq ans à l'expiration desquels ils passent dans la réserve, où ils servent quatre ans, en demeurant affectés,

suivant leur service antérieur, soit à l'armée de terre, soit à l'armée de mer.

La durée du service compte du 1er juillet de l'année du tirage au sort.

Les militaires de la réserve ne peuvent être rappelés à l'activité qu'en temps de guerre, par décret de l'Empereur, après épuisements complet des classes précédentes, et par classe, en commençant par la moins ancienne (1).

Ce rappel pourra être fait d'une manière distincte et indépendante pour la réserve de l'armée de terre et pour celle de l'armée de mer.

Les militaires de la réserve peuvent se marier sans autorisation dans les trois dernières années de leur service dans la réserve. Cette faculté est suspendue par l'effet du décret de rappel à l'activité.

Les hommes mariés de la réserve restent soumis à toutes les obligations dn service militaire.

Le 30 juin de chaque année, en temps de paix, les soldats qui auront achevé leur temps de service dans la réserve recevront leur congé définitif.

Ils le recevront, en temps de guerre, immédiatement après l'arrivée au corps du contingent destiné à les remplacer.

Lorsqu'il y aura lieu d'accorder des congés illimités, ils seront délivrés, dans chaque corps, aux militaires les plus anciens de service effectif sous les drapeaux, et de préférence à ceux qui les demanderont.

Les hommes laissés ou envoyés en congé pourront être

(1) Les militaires de la réserve ne pourront être rappelés à l'activité *qu'en temps de guerre, par décret de l'Empereur*. Le cas de guerre doit s'entendre non de tout conflit avec une puissance quelconque, mais seulement du conflit avec une grande puissance. Ainsi, il a été constaté et reconnu dans la discussion que les expéditions de Rome, du Mexique et de l'Algérie, n'auraient pas constitué l'état de guerre proprement dit et que, pendant les cinquante dernières années qui viennent de s'écouler l'état de guerre n'aurait existé que deux fois, à savoir pour l'expédition de Crimée et pour la guerre d'Italie.

soumis à des revues et à des exercices périodiques qui seront fixés par le ministre de la guerre (1).

Titre III.

DES ENGAGEMENTS ET RENGAGEMENTS

SECTION PREMIÈRE.

DES ENGAGEMENTS.

31. Il n'y aura dans les troupes françaises ni prime en argent, ni prix quelconque d'engagements.

(1) D'après l'ancien article 30 la durée du service militaire sous les drapeaux était de 7 années à partir du 1er janvier. Suivant le nouvel article 30 la durée du service militaire sous les drapeaux n'est plus que de cinq ans à partir du 1er juillet, et ensuite on passe quatre ans dans la réserve. Ce système bien étudié et bien compris offre plus d'avantages que l'ancien.

Il est moins onéreux pour l'appelé qui, après cinq ans passés sous les drapeaux, revient dans ses foyers où il reprendra toutes les habitudes de la vie civile ; il est plus favorable aux familles, et en rendant des bras jeunes et vigoureux à l'agriculture, à l'industrie et au commerce il contribuera puissamment à augmenter la production et la richesse nationales.

Sous l'empire de l'ancien article 30, l'appelé ne pouvait se marier qu'après l'expiration des sept années fixées pour la durée du service militaire, et comme au 1er janvier l'appelé comptait en moyenne vingt ans et demi il en résultait que l'on ne pouvait pas se marier avant vingt-sept ans et demi. Sous l'empire du nouvel article 30 le temps ne comptant qu'à partir du 1er juillet, l'appelé aura, au moment du départ, en moyenne, vingt et un ans. En ajoutant à ce chiffre les cinq ans à passer dans l'armée active et la première année des quatre ans à faire dans la réserve, temps pendant lequel on ne peut se marier, il en résulte que l'on ne pourra pas se marier avant l'âge de vingt-sept ans, et comme précédemment on ne le pouvait qu'à l'âge de vingt-sept ans et demi ; il en résulte que la loi nouvelle est encore, sous ce rapport, plus favorable que l'ancienne.

32. Tout Français sera reçu à contracter un engagement volontaire aux conditions suivantes :

L'engagé volontaire devra :

1° S'il entre dans l'armée de mer, avoir seize ans accomplis, sans être tenu d'avoir la taille prescrite par la loi, mais sous la condition qu'à l'âge de dix-huit ans il ne pourra être reçu s'il n'a pas cette taille ; (1)

2° S'il entre dans l'armée de terre, avoir dix-huit ans accomplis et au moins la taille d'un mètre cinquante-six centimètres ;

3° Jouir de ses droits civils ;

4° N'être ni marié, ni veuf avec enfants :

5° Etre porteur d'un certificat de bonnes vie et mœurs délivré dans les formes prescrites par l'article 20, et, s'il a moins de vingt ans, justifier du consentement de ses père, mère ou tuteur ;

Ce dernier devra être autorisé par une délibération du conseil de famille.

Les conditions relatives, soit à l'aptitude militaire, soit à l'admissibilité dans les différents corps de l'armée, seront déterminées par des ordonnances du Roi, insérées au *Bulletin des lois*.

33. *Ainsi modifié* (loi du 1er février 1868) : La durée de l'engagement volontaire sera de deux ans au moins.

L'engagement volontaire ne donnera lieu à l'exemption prononcée par le numéro 6 de l'article 13 de la présente loi qu'autant qu'il aura été contracté pour une durée de neuf ans.

Dans aucun cas, les engagés volontaires ne pourront être envoyés en congé sans leur consentement. (2)

34. Les engagements volontaires seront contractés dans les formes prescrites par les articles 34, 35, 36, 37, 38, 39, 40, 42 et 44 du Code civil (Napoléon), devant les maires des chefs-lieux de canton.

Les conditions relatives à la durée des engagements seront insérées dans l'acte même.

(1) Voyez l'article 13 1° et la *note* 1.

(2) L'ancien article 33 n'admettait l'engagement volontaire pour deux années qu'en temps de guerre.

Les autres conditions seront lues aux contractants avant la signature, et mention en sera faite à la fin de l'acte ; le tout sous peine de nullité. (1)

35. L'état sommaire des engagements volontaires de l'année précédente sera communiqué aux chambres, lors de la présentation de la loi du contingent annuel.

SECTION II.

DES RENGAGEMENTS.

36. (*Ainsi modifié* (loi du 1er février 1868) : Les rengagements pourront être reçus même pour deux ans, et ne pourront excéder la durée de cinq ans.

(1) Code Napoléon.

Art. 34. Les actes de l'Etat civil énonceront l'année, le jour et l'heure où ils seront reçus, les prénoms, noms, âge, profession et domicile de tous ceux qui y seront dénommés.

35. Les officiers de l'Etat civil ne pourront rien insérer dans les actes qu'ils recevront, soit par note, soit par énonciation quelconque, que ce qui doit être déclaré par les comparants.

36. Dans les cas où les parties intéressées ne seront point obligées de comparaître en personne, elles pourront se faire représenter par un fondé de procuration spéciale et authentique.

37. Les témoins produits aux actes de l'état civil ne pourront être que du sexe masculin, âgés de vingt et un ans au moins, parents ou autres; et ils seront choisis par les personnes intéressées.

38. L'officier de l'état civil donnera lecture des actes aux parties comparantes, ou à leur fondé de procuration, et aux témoins.

Il y sera fait mention de l'accomplissement de cette formalité.

39. Ces actes seront signés par l'officier de l'état civil, par les comparants et les témoins; ou mention sera faite de la cause qui empêchera les comparants et les témoins de signer.

40. Les actes de l'état civil seront inscrits dans chaque commune, sur un ou plusieurs registres tenus double.

Les rengagements ne pourront être reçus que pendant le cours de la dernière année de service sous les drapeaux, ou de l'année qui précédera l'époque de la libération définitive.

Après cinq ans de service sous les drapeaux ils donneront droit à une haute paye.

Les autres conditions seront déterminées par des décrets insérés au *Bulletin des lois* (1).

37. Les rengagements seront contractés devant les intendants ou sous-intendants militaires, dans les formes prescrites par l'article 34, sur la preuve que le contractant peut rester ou être admis dans le corps pour lequel il se présente.

Titre IV.

DISPOSITIONS PÉNALES.

38. Toutes fraudes ou manœuvres par suite desquelles un jeune homme aura été omis sur les tableaux de recensement seront déférées aux tribunaux ordinaires, et punies d'un emprisonnement d'un mois à un an.

42. Les actes seront inscrits sur les registres de suite, sans aucun blanc. Les ratures et les renvois seront approuvés et signés de la même manière que le corps de l'acte. Il n'y sera rien écrit par abrévation, et aucune date ne sera mise en chiffres.

44. Les procurations et les autres pièces qui doivent demeurer annexées aux actes de l'état civil, seront déposées, après qu'elles auront été paraphées par la personne qui les aura produites, et par l'officier de l'état civil, au greffe du tribunal, avec le double des registres dont le dépôt doit avoir lieu audit greffe.

(1) L'ancien article 36 était ainsi conçu :

Les rengagements pourront être reçus même pour deux ans, et ne pourront excéder la durée de cinq ans.

Les rengagements ne pourront être reçus que pendant le cours de la dernière année de service due par le contractant. A l'expiration de cette année, ils donneront droit à une haute paye.

Les autres conditions seront déterminées par les ordonnances du Roi insérées au *Bulletin des Lois*.

Le jeune homme omis, s'il a été condamné comme auteur ou complice desdites fraudes ou manœuvres, sera, à l'expiration de sa peine, inscrit sur la liste du tirage, ainsi que le prescrit l'article 11.

39. Tout jeune soldat qui aura reçu un ordre de route et ne sera point arrivé à sa destination au jour fixé par cet ordre, sera, après un mois de délai et hors le cas de force majeure, puni, comme insoumis, d'un emprisonnement qui ne pourra être moindre d'un mois ni excéder une année.

L'insoumis sera jugé par le conseil de guerre de la division militaire dans laquelle il aura été arrêté.

Le temps pendant lequel le jeune soldat aura été insoumis ne comptera pas en déduction des sept années de service exigées.

40. Quiconque sera reconnu coupable d'avoir recélé ou d'avoir pris à son service un insoumis, sera puni d'un emprisonnement qui ne pourra excéder six mois. Selon les circonstances, la peine pourra être réduite à une amende de vingt à deux cents francs.

Quiconque sera convaincu d'avoir favorisé l'évasion d'un insoumis sera puni d'un emprisonnement d'un mois à un an.

La même peine sera prononcée contre ceux qui, par des manœuvres coupables, auraient empêché ou retardé le départ des jeunes soldats.

Si le délinquant est fonctionnaire public, employé du gouvernement, ou ministre d'un culte salarié par l'Etat, la peine pourra être portée jusqu'à deux années d'emprisonnement, et il sera, en outre, condamné à une amende qui ne pourra excéder deux mille francs.

41. Les jeunes gens appelés à faire partie du contingent de leur classe qui seront prévenus de s'être rendus impropres au service militaire, soit temporairement, soit d'une manière permanente, dans le but de se soustraire aux obligations imposées par la présente loi, seront déférés aux tribunaux par les conseils de révision, et, s'ils sont

reconnus coupables, ils seront punis d'un emprisonnement d'un mois à un an.

Seront également déférés aux tribunaux, et punis de la même peine, les jeunes soldats qui, dans l'intervalle de la clôture du contingent de leur canton à leur mise en activité, se seront rendus coupables du même délit.

A l'expiration de leur peine, les uns et les autres seront à la disposition du ministre de la guerre pour le temps que doit à l'Etat la classe dont ils font partie.

La peine portée au présent article sera prononcée contre les complices. Si les complices sont des médecins, chirurgiens, officiers de santé, ou pharmaciens, la durée de l'emprisonnement sera de deux mois à deux ans, indépendamment d'une amende de deux cents francs à mille francs, qui pourra être prononcée, et sans préjudice de peines plus graves, dans les cas prévus par le Code pénal.

42. Ne comptera pas pour les années de service exigées par la présente loi, le temps passé dans l'état de détention en vertu d'un jugement.

43. Toute substitution, tout remplacement effectué, soit en contravention des dispositions de la présente loi, soit au moyen de pièces fausses ou de manœuvres frauduleuses, sera déféré aux tribunaux; et, sur le jugement qui prononcerait la nullité de l'acte de substitution ou de remplacement, l'appelé sera tenu de rejoindre son corps, ou de fournir un remplaçant dans le délai d'un mois, à datee de la notification de ce jugement.

Quiconque aura sciemment concouru à la substitution ou au remplacement frauduleux, comme auteur ou complice, sera puni d'un emprisonnement de trois mois à deux ans, sans préjudice de peines plus graves en cas de faux.

44. Tout fonctionnaire ou officier public, civil ou militaire, qui, sous quelque prétexte que ce soit, aura autorisé ou admis des exemptions, déductions ou exclusions autres que celles déterminées par la présente loi, ou qui aura donné arbitrairement une extension quelconque soit à la durée, soit aux règles ou conditions des appels, des

engagements ou des rengagements, sera coupable d'abus d'autorité et puni des peines portées dans l'article 185 du Code pénal, sans préjudice des peines plus graves prononcées par ce Code dans les autres cas qu'il a prévus (1).

45. Les médecins, chirurgiens ou officiers de santé qui, appelés au conseil de révision à l'effet de donner leur avis conformément à l'article 16, auront reçus des dons ou agréé des promesses pour être favorables aux jeunes gens qu'ils doivent examiner, seront punis d'un emprisonnement de deux mois à deux ans.

Cette peine leur sera appliquée, soit qu'au moment des dons ou promesses ils aient déjà été désignés pour assister au conseil, soit que les dons ou promesses aient été agréés dans la prévoyance des fonctions qu'ils auraient à y remplir.

Il leur est défendu, sous la même peine, de rien recevoir, même pour une réforme justement prononcée.

46. Dans tous les cas non prévus par les dispositions précédentes, les tribunaux civils et militaires, dans les limites de leur compétence, appliqueront les lois pénales ordinaires aux délits auxquels pourra donner lieu l'exécution du mode de recrutement déterminé par la présente loi.

Pour les délits militaires, les juges pourront user de la faculté énoncée en l'article 595 du Code d'instruction criminelle.

Dans tous les cas où la peine de l'emprisonnement es prononcée par la présente loi, les juges pourront, suivan

(1) Code pénal.

Art. 185. Tout juge ou tribunal, tout administrateur ou autorité administrative, qui, sous quelque prétexte que ce soit, même du silence ou de l'obscurité de la loi, aura dénié de rendre la justice qu'il doit aux parties, après en avoir été requis et qui aura persévéré dans son déni, après avertissement ou injonction de ses supérieurs, pourra être poursuivi, et sera puni d'une amende de deux cents francs au moins, et de cinq cents francs au plus, et de l'interdiction de l'exercice des fonctions publiques depuis cinq ans jusqu'à vingt.

2.

les circonstances, user de la faculté exprimée dans l'article 463 du Code pénal (1).

(1) Code d'instruction criminelle.

ART. 595. La Cour, après la prononciation de l'arrêt, pourra, pour des motifs graves, recommander l'accusé à la commisération du roi (l'Empereur).

Cette recommandation ne sera point insérée dans l'arrêt, mais dans un procès-verbal séparé, secret, motivé, dressé en la chambre du conseil, le ministère public entendu et signé comme la minute de l'arrêt de condamnation.

Expédition dudit procès-verbal, ensemble de l'arrêt de condamnation, sera adressé de suite par le procureur général au ministère de la justice.

Code pénal.

ART. 463. (*Ainsi modifié*, L. 13 mai 1863.) Les peines prononcées par la loi contre celui ou ceux des accusés reconnus coupables, en faveur de qui le jury aura déclaré les circonstances atténuantes, seront modifiés ainsi qu'il suit :

Si la peine prononcée par la loi est la mort, la cour appliquera la peine des travaux forcés à perpétuité où celle des travaux forcés à temps.

Si la peine est celle des travaux forcés à perpétuité, la cour appliquera la peine des travaux forcés à temps ou celle de la réclusion.

Si la peine est celle de la déportation dans une enceinte fortifiée, la cour appliquera celle de la déportation simple ou celle de la détention ; mais dans les cas prévus par les articles 96 et 97, la peine de la déportation simple sera seule appliquée.

Si la peine est celle de la déportation, la cour appliquera la peine de la détention ou celle du bannissement.

Si la peine est celle des travaux forcés à temps, la cour appliquera la peine de la réclusion ou les dispositions de l'article 401, sans toutefois pouvoir réduire la durée de l'emprisonnement au-dessous de deux ans.

Si la peine est celle de la réclusion, de la détention, du bannissement ou de la dégradation civique, la cour appliquera les dispositions de l'article 401, sans toutefois pouvoir réduire la durée de l'emprisonnement au-dessous d'un an.

Dans le cas où le Code prononce le maximum d'une peine

DISPOSITIONS PARTICULIÈRES.

47. Les jeunes gens appelés au service en exécution de la présente loi recevront, dans le corps auquel ils seront attachés, et autant que le service militaire le permettra, l'instruction prescrite pour les écoles primaires.

48. Nul ne sera admis, avant l'âge de trente ans accomplis, à un emploi civil ou militaire, s'il ne justifie qu'il a satisfait aux obligations imposées par la présente loi.

DISPOSITIONS TRANSITOIRES.

49. Le Français dont un frère est mort ou aura reçu des blessures qui le rendent incapable de servir dans l'armée, en combattant pour la liberté dans les journées de juillet 1830, jouira de l'exemption accordée, par l'article 13, nº 7, de la présente loi, à celui dont le frère est mort en activité de service, ou a été admis à la retraite pour blessures reçues dans un service commandé (1).

afflictive, s'il existe des circonstances atténuantes, la cour appliquera le minimum de la peine ou même la peine inférieure.

Dans tous les cas où la peine de l'emprisonnement et celle de l'amende sont prononcées par le Code pénal, si les circonstances paraissent atténuantes, les tribunaux correctionnels sont autorisés, même en cas de récidive, à réduire ces deux peines comme suit :

Si la peine prononcée par la loi, soit à raison de la nature du délit, soit à raison de l'état de récidive du prévenu, est un emprisonnement dont le minimum ne soit pas inférieur à un an ou une amende dont le mininum ne soit pas inférieur à cinq cents francs, les tribunaux pourront réduire l'emprisonnement jusqu'à six jours et l'amende jusqu'à seize francs.

Dans tous les autres cas, ils pourront réduire l'emprisonnement même au-dessous de six jours et l'amende même au-dessous de seize francs. Ils pourront aussi prononcer séparément l'une ou l'autre de ces peines et même substituer l'amende à l'emprisonnement, sans qu'en aucun cas elle puisse être au-dessous des peines de simple police.

(1) Cette disposition transitoire est depuis longtemps sans objet.

50. Toutes les dispositions des lois et décrets antérieurs à la présente loi, relatives au recrutement de l'armée, sont et demeurent abrogées.

LOI du 13 juin 1851, sur la garde nationale.

Titre Ier.

DISPOSITIONS GÉNÉRALES.

Art. 1er. Le service de la garde nationale consiste :

1° En service ordinaire dans l'intérieur de la commune;

2° En service de détachement hors du territoire de la commune ;

3° En service de corps mobilisés pour seconder l'armée de ligne dans les limites fixées par la loi.

2. La garde nationale est organisée dans toute la république ; elle l'est par commune, et à Paris par arrondissement municipal.

Les compagnies communales d'un canton peuvent être formées en bataillons cantonaux et en légions par décret du pouvoir exécutif (1), les conseils municipaux de la circonscription entendus.

Dans aucun cas, la garde nationale ne peut être organisée par département ni par arrondissement de sous-préfecture.

Cette disposition n'est pas applicable au département de la Seine.

3. Cette organisation est permanente ; toutefois, le président de la République (2) peut suspendre ou dissoudre en tout ou en partie, la garde nationale dans des lieux déterminés.

Dans le cas de suspension, la garde nationale est remise

(1) Aujourd'hui par décret de l'Empereur.

(2) Aujourd'hui l'Empereur.

en activité dans l'année, à compter du jour de la suspension.

Dans le cas de dissolution, la garde nationale est réor ganisée dans les deux ans.

Le tout, à moins que ces délais n'aient été prorogés par une loi spéciale.

En cas d'urgence, le préfet peut prononcer provisoirement la suspension. Cette suspension n'a d'effet que pendant trois mois, si, dans l'intervalle, elle n'est pas maintenue, ou si la dissolution n'est pas prononcée par le gouvernement.

Dans tous les cas de suspension ou de dissolution, le préfet peut ordonner le dépôt des armes dans un lieu déterminé, sons les peines portées par l'article 3 de la loi du 24 mai 1834 (1).

4. La garde nationale est placée sous l'autorité des maires, des sous-préfets, des préfets et du ministre de l'intérieur.

Lorsque, d'après les ordres du préfet et du sous-préfet, la garde nationale de plusieurs communes est réunie, soit au chef-lieu du canton, soit dans toute autre commune, elle est sous l'autorité du maire de la commune où a lieu la réunion.

Sont exceptés les cas déterminés par les lois, où la garde nationale est appelée à faire un service militaire et est mise sous les ordres de l'autorité militaire.

(1) Loi du 24 mai 1834, sur les détenteurs d'armes ou de munitions de guerre.

Art. 3. Tout individu qui, sans y être légalement autorisé, aura fabriqué ou confectionné, débité ou distribué des armes de guerre, des cartouches et autres munitions de guerre, ou sera détenteur d'armes de guerre, cartouches ou munitions de guerre, ou d'un dépôt d'armes quelconques, sera puni d'un emprisonnement d'un mois à deux ans, et d'une amende de seize francs à mille francs.

La présente disposition n'est point applicable aux professions d'armurier et de fabricant d'armes de commerce, lesquelles resteront seulement assujetties aux lois et règlements paticuliers qui les concernent.

5. Les citoyens ne peuvent ni prendre les armes, ni se rassembler comme gardes nationaux, avec ou sans uniforme, sans l'ordre des chefs immédiats, et ceux-ci ne peuvent donner cet ordre sans une réquisition de l'autorité civile.

6. Aucun chef de poste ne peut faire distribuer de cartouches aux gardes nationaux placés sous son commandement, si ce n'est en vertu d'ordres précis ou en cas d'attaque de vive force.

Titre II.

DE L'ORGANISATION DE LA GARDE NATIONALE.

SECTION PREMIÈRE.

DE LA COMPOSITION DE LA GARDE NATIONALE.

7. La garde nationale se compose, sauf les exceptions ci-après, de tous les français, à partir de l'âge de vingt ans. (1)

8. Ne font pas partie de la garde nationale :

1° Les ministres des différents cultes reconnus par l'État ; les élèves des grands séminaires et des facultés de théologie ;

Les membres ou novices des associations religieuses vouées à l'enseignement, autorisées par la loi ou reconnues comme établissements d'utilité publique.

2° Les militaires des armées de terre et de mer en activité de service, en disponibilité ou en non-activité ;

Les administrateurs ou agents commissionnés des services de terre ou de mer en activité ; les comptables, magasiniers, préposés de dépôt, distributeurs, infirmiers et

(1) De ces gardes nationaux il sera fait deux catégories; dans la première catégorie, qui constituera la garde nationale mobile, entreront tous ceux désignés à l'article 4 de la loi du 1er février 1868 (rapportée page 71); les autres constitueront une seconde catégorie que nous qualifions de garde nationale sédentaire.

autres agents inférieurs des ports, arsenaux et établissements de la marine; les ouvriers des ports des arsenaux et manufactures d'armes organisés militairement. Ne sont pas compris dans cette disposition les commis et employés des bureaux de la marine au-dessous du grade d'aide-commissaire.

3° Les officiers, sous-officiers et soldats des gardes municipales et autres corps soldés ;

4° Les préposés des services actifs des douanes ;

5° Les directeurs et concierges des maisons d'arrêt; les gardiens-chefs et gardiens ordinaires des prisons, et les autres agents inférieurs de justice et de police.

6° Ceux que des infirmités mettent pour toujours hors d'état de faire aucun service. La nature de ces infirmités et le mode de les constater seront déterminés par un règlement d'administration publique.

9. Sont exclus de la garde nationale :

1° Tous les individus énumérés en l'article 8 de la loi du 31 mai 1850 ;

2° Les individus privés, par jugement, de l'exercice de leurs droits civils ou politiques ;

3° Les individus condamnés à trois mois de prison au moins, par application de la loi du 27 mars 1851.

SECTION II.

DU SERVICE ORDINAIRE ET DE LA RÉSERVE.

10. Le service de la garde nationale se divise en service ordinaire et service de réserve.

11. Les citoyens inscrits sur le contrôle du service ordinaire sont appelés à tous les services d'ordre et de sûreté, ainsi qu'aux exercices et aux revues.

12. Les citoyens inscrits sur les contrôles de la réserve ne peuvent être appelés qu'extraordinairement, et en vertu d'un arrêté du préfet.

13. Sont inscrits au contrôle du service ordinaire tous les citoyens âgés de vingt et un ans au moins, domiciliés

depuis un an dans la commune, et non compris dans les dispositions de l'article suivant.

Les compagnies et subdivisions de compagnies sont formées des gardes nationaux inscrits sur le contrôle du service ordinaire, dans les circonscriptions où se trouve leur domicile.

Peuvent être, en outre, inscrits au contrôle du service ordinaire dans une commune autre que celle de leur domicile réel, les citoyens qui résident habituellement une partie de l'année dans cette commune.

Dans ce cas, le service est dû, tant dans la commune du domicile réel que dans celle de la résidence habituelle.

14. Sont placés dans la réserve :

1° Les citoyens âgés de moins de vingt et un ans, et ceux qui ont moins d'un an de domicile dans la commune;

2° Ceux pour lesquels le service habituel serait une charge trop onéreuse ;

3° Les préposés du service actif des contributions indirectes, des octrois et des administrations sanitaires, les cantonniers et éclusiers, les gardes champêtres et forestiers;

4° Les facteurs de la poste aux lettres, les agents des lignes télégraphiques et les postillons de l'administration des postes reconnus nécessaires à ces services publics; les machinistes et chauffeurs des chemins de fer et bateaux à vapeur;

5° Les portiers et les domestiques attachés au service de la personne.

15. Peuvent se dispenser du service de la garde nationale :

1° Les membres de l'Assemblée nationale, les ministres et les sous-secrétaires d'Etat ;

2° Les conseillers d'Etat et les maîtres des requêtes;

3° Les membres des cours et tribunaux et les greffiers de justice de paix;

4° Les membres des conseils de préfecture;

5° Les directeurs, médecins et chirurgiens des hôpitaux et hospices civils et des asiles d'aliénés ;

6° Les citoyens âgés de plus de cinquante-cinq ans ;

7° Les anciens militaires ayant cinquante ans d'âge et vingt années de service.

16. Sont temporairement dispensés du service de la garde nationale ceux qu'un service public, une absence, une maladie ou une infirmité dûment justifiés d'après les formes qu'établira le règlement du service ordinaire, mettent dans l'impossibilité de faire le service.

17. Le service de la garde nationale est incompatible avec les fonctions qui confèrent le droit de requérir la force publique.

18. Le service de la garde nationale est personnel ; néanmoins, le remplacement pour le service ordinaire est permis entre le père et le fils, les frères, l'oncle et le neveu, ainsi qu'entre alliés au même degré, pourvu toutefois que le remplaçant et le remplacé appartiennent à la même compagnie.

Les gardes nationaux de la même compagnie qui ne sont ni parents ni alliés aux degrés ci-dessus désignés, peuvent seulement, et avec l'autorisation des chefs, changer leurs tours de service.

19. Peuvent être appelés à faire partie du service ordinaire les étrangers admis à la jouissance des droits civils, conformément à l'article 13 du Code Napoléon.

SECTION III.

DE L'INSCRIPTION DES GARDES NATIONAUX, DE LEUR RÉPARTITION ENTRE LE SERVICE ORDINAIRE ET LA RÉSERVE, DU JUGEMENT DES DISPENSÉS, ETC.

20. L'inscription des gardes nationaux sur les contrôles de la garde nationale, leur répartition entre le service ordinaire et la réserve, leur classement entre les compagnies, et l'appréciation des causes de dispense, sont faits par les conseils de recensement, sauf recours devant le jury de révision.

§ 1er. — *Des conseils de recensement.*

21. Il y a par commune, et à Paris par arrondissement, un conseil de recensement.

Dans chaque commune, le nombre des membres de ce conseil est égal à celui des conseillers municipaux ; il est ajouté un membre de plus, si le conseil municipal est constitué en nombre impair.

Les membres du conseil de recensement sont choisis :

Moitié sur la désignation et dans le sein du conseil municipal ;

Moitié par le préfet ou le sous-préfet, parmi les citoyens aptes à faire partie du service ordinaire de la garde nationale.

Le maire fait partie du conseil comme membre de droit, et le préside. A son défaut, le conseil est présidé par un adjoint ou par un membre du conseil municipal désigné par le maire.

A Paris, le conseil de recensement de chaque arrondissement est composé de seize membres nommés par le préfet, en nombre égal pour chaque bataillon, parmi les citoyens faisant partie du service ordinaire de la garde nationale.

S'il y a lieu à établir une légion de cavalerie à Paris, le conseil de recensement sera composé de douze membres choisis par le préfet parmi les gardes nationaux faisant ou ayant fait partie de cette arme.

Il sera présidé par un délégué du préfet.

22. Les conseils de recensement sont renouvelés tous les ans par moitié.

Les membres du conseil sont toujours rééligibles.

23. Après trois absences consécutives et non justifiées, les membres du conseil sont réputés démissionnaires.

24. En cas de réorganisation de la garde nationale après dissolution, ou de dissolution du conseil municipal, le sous-préfet désigne les citoyens qui doivent provisoirement remplacer les membres du conseil de recensement

appartenant soit à la garde nationale, soit au conseil municipal dissous.

§ II. — *Des jurys de révision.*

25. Il y a un jury de révision pour chaque canton.

Lorsqu'une ville est le chef-lieu de plusieurs cantons, il n'y a qu'un jury de révision pour tous ces cantons, lors même que leur ressort comprend d'autres communes.

Chaque jury de révision est composé de douze jurés, désignés par le sort sur une liste de cent cinquante gardes nationaux sachant lire et écrire, et âgés de plus de vingt-cinq ans.

Cette liste est dressée par le sous-préfet, sur les présentations faites par les maires des diverses communes, à raison de deux cents candidats par chaque canton. Un arrêté du sous-préfet détermine, proportionnellement à la population des diverses communes, le nombre des candidats qui doivent être pris dans chacune d'elles.

Dans tous les cas, il ne sera présenté qu'une liste de deux cents candidats pour la formation d'un jury de révision.

A Paris, le jury de révision est composé d'un nombre de membres égal à celui des légions.

Dans chaque légion, un jury titulaire est désigné par le sort sur une liste de vingt-cinq gardes nationaux remplissant les conditions indiquées au paragraphe 2 du présent article, et faisant partie de la légion.

Ces listes sont dressées par le préfet. Les vingt-cinq gardes nationaux qu'il désigne sont choisis sur une liste de cinquante candidats présentée par le maire de l'arrondissement.

Il est désigné, pour chaque jury, dans les formes déterminées par le présent article, un nombre de suppléants égal à celui des jurés titulaires.

26. Le jury de révision est présidé par le juge de paix.

A Paris et dans les villes dont le territoire est divisé en plusieurs cantons, un roulement détermine, d'après les règles fixées par le ministre de la justice, l'ordre dans lequel chacun des juges de paix doit présider.

27. Le tirage des jurés et des jurés suppléants est fait par le président du jury, en audience publique. Les membres du jury désignés par le sort, sauf ceux qui auront été temporairement excusés, sont rayés de la liste, et ne peuvent y être rétablis qu'après les élections générales.

Le renouvellement intégral des jurés a lieu à l'époque des élections générales de la garde nationale.

Le jury, constitué suivant le paragraphe 1er du présent article, fonctionne pendant une année entière.

28. Le jury ne peut prononcer qu'au nombre de sept membres au moins, y compris le président. Les décisions sont prises à la majorité absolue : en cas de partage, la voix du président est prépondérante.

29. Tout juré absent, et non valablement excusé, est condamné par le juge de paix à une amende de cinq à dix francs.

30. Les décisions du jury ne sont susceptibles de recours devant le conseil d'Etat que pour incompétence, excès de pouvoir, ou violation de la loi.

La contrariété de décisions rendues en dernier ressort, relativement à la même personne, par des conseils de recensement ou des jurys de révision différents, donne lieu au recours devant le conseil d'Etat.

31. Les fonctions de membre du conseil de recensement et de membre du jury de révision sont incompatibles.

32. Un décret du Président de la République détermine le nombre, le rang et le mode de nomination des rapporteurs, des rapporteurs-adjoints et des secrétaires attachés aux jurys de révision.

§ III. — *Disposition commune au conseil de recensement et au jury de révision.*

33. Les formes de procéder des conseils de recensement et des jurys de révision sont déterminées par un règlement d'administration publique.

SECTION IV.

FORMATION DE LA GARDE NATIONALE.

34. La garde nationale, en service ordinaire, est organisée en subdivisions de compagnies, en compagnies, en bataillons, en légions d'infanterie.

Des décrets du Président de la République établissent les règles d'après lesquelles ces corps sont formés dans les circonscriptions déterminées par l'article 2.

Il pourra être établi, par décret du Président de la République, les conseils municipaux entendus, des pelotons, escadrons ou légions de cavalerie dans les villes ou cantons où cette réorganisation sera jugée nécessaire. Partout où il n'existe pas de corps soldé de sapeurs-pompiers, il est, autant que possible, formé des compagnies ou des subdivisions de compagnies de sapeurs-pompiers volontaires, faisant partie de la garde nationale.

Dans les places de guerre, les ports de commerce et les cantons maritimes, il pourra être formé, par décret du Président de la République, soit des batteries ou subdivisions de batteries d'artillerie, soit des compagnies ou subdivisions de compagnies de marins, gardes-côtes et ouvriers de marine.

Dans toutes les autres villes, les batteries ou subdivisions de batteries d'artillerie déjà organisées pourront être maintenues par décret du Président de la République, le conseil municipal entendu.

Ces compagnies et batteries, suivant l'importance de leur effectif, pourront être placées sous le commandement d'un officier supérieur, en restant sous l'autorité du chef de la garde nationale de la circonscription.

L'admission des gardes nationales dans les armes spéciales de cavalerie, de sapeurs-pompiers, d'artilleurs, de marins, de gardes côtes et d'ouvriers de marine, est prononcée par les conseils de recensement créés par l'article 21, sauf ce qui est dit dans cet article pour la légion de cavalerie de Paris.

Les décisions du conseil de recensement en pareille matière ne sont pas susceptibles de recours devant le jury de révision.

SECTION V.

DE L'ÉLECTION AUX GRADES.

35. Les gardes nationaux portés sur le contrôle du service ordinaire nomment leurs officiers, sous-officiers et caporaux.

36. Toutes les élections sont faites sous la présidence du maire, d'un adjoint ou d'un membre du conseil municipal pris dans l'ordre du tableau, assisté de deux membres du conseil de recensement.

37. Les chefs de bataillon et le porte-drapeau sont élus par tous les officiers du bataillon et par un nombre égal de délégués nommés dans chaque compagnie.

38. Les chefs de légion et les lieutenants-colonels sont nommés par tous les officiers de la légion réunis aux délégués, qui, aux termes de l'article 37, concourent à la nomination des chefs de bataillon et porte-drapeau.

39. Aucun officier supérieur n'est valablement élu qu'autant que plus de la moitié des électeurs ont concouru à l'élection, et qu'il a réuni plus de la moitié des suffrages exprimés.

40. Les officiers, sous-officiers, caporaux et délégués ne peuvent être élus que parmi les citoyens inscrits au contrôle du service ordinaire. Néanmoins, les anciens officiers de l'armée qui auraient usé de la dispense qui leur est accordée par l'article 16 peuvent être élus ou nommés à des grades dans la garde nationale.

Les chefs de légion et les lieutenants-colonels peuvent être choisis :

Pour le département de la Seine, dans toute l'étendue du département ;

Pour les autres départements, dans la commune ou dans le canton, suivant que la légion est communale ou cantonale.

Les chefs de bataillon et le porte-drapeau sont choisis :

A Paris et dans les communes où il existe plusieurs légions, dans la circonscription de la légion.

Dans les autres communes ou cantons, dans la circonscription de la commune ou du canton, selon que le bataillon est communal ou cantonal.

Les officiers de compagnies sont choisis dans la circonscription du bataillon ; les sous-officiers et caporaux, dans la circonscription de la compagnie.

41. Les élections d'officiers, sous-officiers et caporaux de compagnie ne sont valables qu'autant que le tiers au moins des gardes nationaux inscrits y a pris part.

Si le nombre des votants est inférieur au tiers, les gardes nationaux seront convoqués de nouveau au jour fixé par le maire.

Si le nombre des votants est encore inférieur au tiers, les gardes nationaux sont convoqués une troisième fois, et l'élection est faite par les électeurs présents, quel que soit leur nombre.

42. L'élection des capitaines a lieu successivement pour chaque emploi, au scrutin individuel et secret, et à la majorité absolue des suffrages.

Si l'effectif de la compagnie comporte plusieurs lieutenants ou sous-lieutenants, ces officiers sont élus par bulletins de liste, au scrutin secret, pour chaque grade, et à la majorité absolue des suffrages.

Après deux tours de scrutin, si la majorité absolue n'a été obtenue par aucun des candidats, ou ne l'a pas été par un nombre de candidats égal à celui des emplois à conférer, il est procédé à un scrutin de ballottage sur une liste double d'officiers restant à nommer, et comprenant les candidats qui ont obtenu le plus grand nombre de voix au second tour.

L'élection ne peut avoir lieu que sur cette liste.

Les lieutenants et sous-lieutenants prennent rang entre eux suivant l'ordre de leur nomination et d'après le nombre des suffrages obtenus, s'ils ont été nommés au même scrutin ; d'après l'âge, si deux ou plusieurs d'entre eux ont obtenu le même nombre de suffrages au même tour de scrutin.

Les délégués sont élus sur bulletin de liste, et à la majorité relative, immédiatement après les officiers.

Les sergents-majors et les fourriers sont élus sur bulletins individuels; les sergents et caporaux, sur bulletins de liste.

Dans les deux cas, l'élection a lieu à la majorité relative.

Aucun scrutin n'est fermé qu'après un appel et un réappel.

43. Tout garde national ayant droit de participer à l'élection a le droit d'arguer les opérations de nullité. Si sa réclamation n'a pas été consignée au procès-verbal, elle est déposée au secrétariat de la mairie, dans les trois jours, à partir du jour de l'élection, à peine de déchéance, et jugée par le conseil de préfecture.

Le préfet ou le sous-préfet peut déférer au conseil de préfecture, dans le délai de quinze jours, à partir du jour où elles ont eu lieu, les élections dans lesquelles les conditions et les formalités légalement prescrites n'ont pas été observées.

44. Si les officiers ne sont pas, dans les deux mois de leur élection complétement armés, équipés et habillés suivant l'uniforme, ils sont considérés comme démissionnaires et remplacés immédiatement.

45. Les officiers, sous-officiers et caporaux sont élus pour trois ans; toutefois, les officiers, sous-officiers et caporaux qui, dans le cours de la période triennale, transportent leur domicile dans une autre commune, ou dans une circonscription autre que celle où leur grade leur avait été conféré, sont remplacés.

Peuvent être également remplacés dans leur grade, en vertu d'une décision du conseil de recensement, les officiers, sous-officiers et caporaux dont l'absence s'est prolongée au delà de six mois sans dispense temporaire de service régulièrement accordée.

46. Les officiers, sous-officiers et caporaux sont toujours rééligibles.

47. Les officiers, sous-officiers et caporaux élus par suite de vacance ne sont nommés que pour le temps pendant

lequel ceux qu'ils remplacent devaient encore excercer leurs fonctions.

48. Les élections générales doivent être terminées dans les six mois qui suivent l'expiration de la période triennale pour laquelle les grades sont conférés. Des décrets du Président de la République en fixent les époques.

49. Les officiers, sous-officiers et caporaux restent en fonctions jusqu'à la reconnaissance de ceux qui les remplacent.

50. Tout officier de la garde nationale peut être suspendu de ses fonctions pendant deux mois, par arrêté motivé du préfet, pris en conseil de préfecture, sur l'avis du maire et du sous-préfet, l'officier préalablement entendu dans ses observations.

La suspension peut être prolongée par un décret du Président de la République.

Si, dans le cours d'une année, l'officier n'a pas été rendu à ses fonctions, il est procédé à une nouvelle élection.

L'officier suspendu n'est rééligible qu'aux élections générales.

51. Dans les communes où la garde nationale forme plusieurs légions, elle peut être placée sous les ordres d'un commandant supérieur, nommé par le Président de la République.

52. Les officiers de l'état-major du commandant supérieur sont nommés par le Président de la République.

53. Les chirurgiens-majors, les aides-majors et autres officiers de santé sont nommés par le Président de la République.

Il en est de même des majors et adjudants-majors.

L'adjudant sous-officier est nommé par le chef de légion ou de bataillon.

Le capitaine d'armement est nommé par le commandant supérieur ou le préfet, sur une double présentation faite par le maire et le chef de corps.

54. Il sera nommé aux emplois autres que ceux désignés ci-dessus, sur la présentation du chef de corps, par le maire, ou, si les gardes communales sont réunies en bataillon, par le sous-préfet.

55. Ces officiers devront avoir leur résidence dans la circonscription de la légion, du bataillon et de la compagnie, selon leur rang.

56. Les officiers et sous-officiers rapporteurs et secrétaires des conseils de discipline sont choisis par le sous-prefet, sur des listes de trois candidats désignés par le chef de corps.

Ils sont nommés pour trois ans et peuvent être réélus.

Le préfet, sur le rapport des maires et des chefs de corps, pourra les révoquer ; il sera immédiatement pourvu à leur remplacement par le mode ci-dessus indiqué.

57. Les militaires des armées de terre et de mer, placés dans une des positions énumérées en l'article 8 de la présente loi, ne peuvent être appelés dans la garde nationale à aucun autre emploi que ceux de commandant supérieur et de chef d'état-major.

SECTION VI.

DES ARMES ET DE L'UNIFORME.

58. Les communes sont responsables, sauf leur recours contre les gardes nationaux, des armes que le Gouvernement a jugé nécessaire de leur délivrer ; ces armes restent la propriété de l'Etat.

L'entretien de l'armement est à la charge du garde national ; les réparations, en cas d'accident causé par le service, sont à la charge de la commune.

Les gardes nationaux détenteurs d'armes appartenant à l'Etat, qui ne présentent pas ou ne font pas présenter ces armes aux inspections générales annuelles prescrites par les règlements, peuvent être condamnés à une amende de un franc au moins et de cinq francs au plus, au profit de la commune.

Cette amende est prononcée et recouvrée comme en matière de police municipale.

59. L'uniforme est obligatoire pour tous les officiers.

Il est obligatoire pour les sous-officiers, caporaux et gardes nationaux des chefs-lieux de département et d'arrondissement, et pour toutes les communes qui ont une population agglomérée de plus de trois mille âmes.

Il peut être rendu obligatoire dans les autres communes, de l'avis du conseil municipal, par décret du Président de la République.

L'uniforme est déterminé par des décrets du Président de la République.

SECTION VII.

DES PRÉSÉANCES.

60. Les diverses armes dont se compose la garde nationale sont assimilées, quant aux préséances, aux armes correspondantes de l'armée.

Les sapeurs-pompiers sont assimilés aux sapeurs-mineurs.

Néanmoins, quand la garde nationale est réunie, les différentes armes doivent prendre la place qui leur est assignée par l'officier qui commande.

61. Dans tous les cas où les gardes nationales sont de service avec les corps soldés, elles prennent le rang sur eux.

Le commandement dans les fêtes ou cérémonies appartient à celui des officiers des divers corps qui a la supériorité du grade ; à grade égal, à celui qui est le plus ancien, et, à égalité d'ancienneté, au plus âgé.

Tous les officiers nommés pour la première fois ou promus aux élections générales sont réputés avoir été élus le même jour.

L'ancienneté de grade est comptée aux officiers, sous-officiers et caporaux de la garde nationale de l'époque à partir de laquelle ils ont été, sans aucune interruption, en possession de leur grade.

SECTION VIII.

DES DÉPENSES DE LA GARDE NATIONALE.

62. Les dépenses de la garde nationale sont votées, ré-

glées et surveillées comme toutes les autres dépenses municipales.

63. Les dépenses de la garde nationale sont obligatoires ou facultatives.

Les dépenses obligatoires sont :

1° Les frais d'achat de drapeaux, tambours et trompettes ;

2° Les réparations, l'entretien et le prix des armes, sauf recours contre les gardes nationaux, aux termes de l'article 58 ;

3° Le loyer, l'entretien, le chauffage, l'éclairage et le mobilier des corps de garde ;

4° Les frais de registres, papiers, contrôles, billets de garde et tous les menus frais de bureaux qu'exige le service de la garde nationale ;

5° La solde et l'habillement des tambours et trompettes, dans les communes où l'uniforme est obligatoire.

Toutes autres dépenses sont facultatives.

64. Lorsqu'il est créé des bataillons cantonaux, la répartition de la portion afférente à chaque commune du canton dans les dépenses obligatoires du bataillon, autres que celles des compagnies, est faite par le préfet, en conseil de préfecture, après avoir pris l'avis des conseils municipaux.

Cette répartition a lieu proportionnellement à la population de chaque commune, et à son contingent dans le principal des quatre contributions directes.

65. Il y a, dans chaque légion ou chaque bataillon formé par les gardes nationaux d'une même commune, un conseil d'administration chargé de présenter annuellement au maire l'état des dépenses nécessaires pour le service de la garde nationale et de viser les pièces justificatives de l'emploi des fonds.

Il y a également, par bataillon cantonal, un conseil d'administration chargé des mêmes fonctions, et qui doit présenter au sous-prefet l'état les dépenses du bataillon.

La composition de ces conseils est déterminée par un règlement d'administration publique.

66. Dans les communes où la garde nationale comprend une ou plusieurs compagnies non réunies en bataillon, l'état des dépenses est soumis au maire par le commandant.

Pour les corps spéciaux, l'état des dépenses sera présenté par le commandant de la garde nationale, après avoir pris l'avis du commandant de ce corps.

Titre III.

DU SERVICE ORDINAIRE DE LA GARDE NATIONALE.

67. Le règlement relatif au service ordinaire, aux revues, exercices et prises d'armes, est arrêté :

Pour le département de la Seine, par le ministre de l'intérieur, sur la proposition du commandant supérieur, de l'avis du préfet de la Seine.

Pour les villes et communes des autres départements, par le maire, sur la proposition du commandant de la garde nationale, et sous l'approbation du sous-préfet.

Les chefs pourront, en se conformant à ce règlement, et sans réquisition particulière, mais après en avoir prévenu l'autorité municipale, faire toutes les dispositions et donner tous les ordres relatifs au service ordinaire, aux revues et aux excercices.

Lorsque le service de place est fait en commun par les postes de la garde nationale et de la troupe de ligne, la surveillance reste séparée, excepté dans les cas prévus par le paragraphe 3 de l'article 4 de la présente loi.

Dans les villes de guerre, la garde nationale ne peut prendre les armes ni sortir des barrières qu'après que le maire en a informé par écrit le commandant de la place.

Le tout sans préjudice de ce qui est réglé par les lois spéciales pour l'état de guerre et l'état de siége dans les places.

68. Lorsque la garde nationale est organisée en bataillons cantonaux et en légions, le règlement sur les exer-

cices est arrêté par le sous-préfet, de l'avis des maires des communes, et sur la proposition du commandant pour chaque bataillon isolé, et du chef de légion pour les bataillons réunis en légion.

69. Le préfet peut suspendre les revues et exercices dans les communes et dans les cantons, à la charge d'en rendre immédiatement compte au ministre de l'intérieur.

70. Tout garde national commandé pour le service doit obéir, sauf à réclamer ensuite, s'il s'y croit fondé, devant le chef du corps.

Titre IV.

DE LA DISCIPLINE.

SECTION PREMIÈRE.

DES PEINES.

71. Les chefs de poste ou de détachement peuvent ordonner :

1° Une faction, patrouille ou autre service hors tour contre tout garde national qui a manqué à l'appel ou s'est absenté du poste sans autorisation ;

2° La détention dans la prison du poste, jusqu'à la relevée de la garde de tout sous-officier, caporal ou garde national de service en état d'ivresse, ou qui s'est rendu coupable de bruit, tapage, voies de fait ou de provocation au désordre ou à la violence ; sans préjudice du renvoi au conseil de discipline, si la faute emporte une punition plus grave.

72. Les conseils de discipline peuvent infliger les peines suivantes :

1° La réprimande ;

2° La réprimande avec mise à l'ordre des motifs du jugement ;

3° La prison pour six heures au moins et trois jours au plus, avec ou sans mise à l'ordre ;

4° La privation du grade, avec mise à l'ordre ;

5° La radiation des contrôles, avec mise à l'ordre.

S'il n'existe dans la commune ni prison spéciale pour l'exécution des jugements du conseil de discipline, ni local en tenant lieu, la peine de la prison est remplacée par une amende de un franc à quinze francs au profit de la commune du contrevenant.

73. Est puni, selon la gravité des cas, de l'une des peines énoncées sous les numéros 1, 2, 3 et 4 de l'article précédent, tout officier qui, étant de service ou en uniforme, tient une conduite qui compromet son caractère ou porte atteinte à l'honneur de la garde nationale.

Est puni de l'une des mêmes peines, selon la gravité des cas, tout officier ou chef de poste qui commet une infraction aux règles du service, à la discipline ou à l'honneur de la garde nationale, et, notamment, qui contrevient à l'article 5 de la présente loi.

74. Est puni de la prison tout officier ou sous-officier, chef de poste ou de détachement, qui, étant de service, s'est rendu coupable :

D'inexécution d'ordres reçus ou d'infraction à l'article 6 de la présente loi;

De manquement à un service commandé ou d'absence du poste non autorisée;

D'inexactitude à signaler dans les formes requises les fautes commises par ses subordonnés;

De désobéissance;

D'insubordination;

De manque de respect, de propos offensants ou d'insultes envers les officiers d'un grade supérieur;

De propos outrageants envers un subordonné ou d'abus d'autorité.

75. Dans le cas où l'ordre public est menacé, tout garde national qui, sans excuse légitime, ne se rend pas à l'appel, est puni d'un emprisonnement qui ne pourra excéder trois jours.

Tout officier, sous-officier ou caporal est en outre privé de son grade.

Le jugement est mis à l'ordre.

Le conseil de discipline peut, de plus, prononcer contre les condamnés la radiation des contrôles du service ordinaire pour un temps qui n'excédera pas cinq années, et ordonner l'affiche du jugement à leurs frais.

Tout garde national rayé des contrôles du service ordinaire est immédiatement désarmé.

76. Peut être puni, selon la gravité des cas, de la réprimande avec mise à l'ordre ou de la prison pour deux jours au plus et trois en cas de récidive :

1° Tout sous-officier, caporal ou garde national coupable d'inexécution des ordres reçus, de désobéissance, d'insubordination ou de refus d'un service commandé.

Sont considérés comme services commandés, non-seulement les services commandés dans la forme ordinaire, mais encore les prises d'armes par voie de rappel ou de convocation verbale ;

2° Tout sous-officier, caporal ou garde national de service qui est en état d'ivresse, profère des propos offensants contre l'autorité ou tient une conduite qui porte atteinte à la discipline ou à l'ordre ;

3° Tout sous-officier, caporal ou garde national de service qui abandonne ses armes, sa faction ou son poste avant d'être relevé.

L'arrivée tardive au lieu de rassemblement, l'absence du poste sans autorisation, et l'absence prolongée au delà du terme fixé par l'autorisation, peuvent être considérées comme abandon du poste ;

4° Tout sous-officier, caporal ou garde national qui enfreint l'article 5 de la présente loi ;

5° Tout sous-officier, caporal ou garde national dont l'armement est mal entretenu, ou qui ne fait pas son service en uniforme, dans les communes où l'uniforme est obligatoire.

77. Les infractions commises par les officiers de l'état-major général, par les majors, adjudants-majors et les adjudants sous-officiers, sont punies des peines suivantes :

Les arrêts simples ;

Les arrêts forcés avec remise d'armes.

En aucun cas, ces arrêts n'excèdent dix jours.

Les arrêts simples peuvent être appliqués par le supérieur à l'inférieur.

Les arrêts forcés ne sont prononcés que par le commandant supérieur ou le chef du corps.

78. Pour les infractions prévues par l'article 76 de la présente loi, les tambours-majors, tambours-maîtres, tambours et trompettes soldés peuvent être punis, par tout officier sous les ordres duquel ils se trouvent, de la prison pour un temps qui n'excédera pas trois jours.

Dans les communes et les cantons où la garde nationale est formée en légion ou en bataillon, cette peine peut être, selon les circonstances, élevée jusqu'à dix jours de prison par le chef de légion ou le chef de bataillon.

79. Est privé de son grade par le jugement de condamnation tout officier, sous-officier ou caporal qui, après une première condamnation, est, dans les douze mois, puni de la prison, pour une seconde infraction, par le conseil de discipline.

80. Tout officier, sous-officier ou caporal privé de son grade par jugement ne peut être réélu qu'aux élections générales.

81. Le garde national qui vend, détourne ou détruit volontairement les armes de guerre, les munitions ou les effets d'équipement qui lui ont été confiés, est traduit devant le tribunal de police correctionnelle et puni de la peine portée en l'article 408 du Code pénal, sauf l'application de l'article 463 du même Code.

Le jugement de condamnation prononce la restitution, au profit de la commune, du prix des armes, munitions ou effets.

82. Tout garde national qui, dans l'espace d'une année, a subi deux condamnations du conseil de discipline peut être, par le jugement qui prononce la seconde condamnation, rayé des contrôles du service ordinaire, pour deux années au plus, avec mise à l'ordre.

83. Après deux condamnations pour refus de service, le garde national est, en cas de troisième refus de service

dans l'année, traduit devant le tribunal de police correctionnelle, et condamné à un emprisonnement qui ne peut être moindre de six jours ni excéder dix jours.

En cas de récidive dans l'année, à partir du jugement correctionnel, le garde national est traduit de nouveau devant le tribunal de police correctionnelle, et puni d'un emprisonnement qui ne peut être moindre de dix jours ni excéder vingt jours.

Il est, en outre, condamné aux frais et à une amende qui ne peut être moindre de seize francs, ni excéder trente francs dans le premier cas, et dans le deuxième, être moindre de trente francs ni excéder cent francs.

84. Dans le cas où un chef de corps, poste ou détachement est poursuivi, devant les tribunaux, comme coupable des délits prévus par les articles 234 et 258 du Code pénal, la poursuite entraîne la suspension; en cas de condamnation, le jugement prononce la perte du grade.

Section II.

DES CONSEILS DE DISCIPLINE.

85. Il y a un conseil de discipline :

1° Par bataillon communal ou cantonal;

2° Par commune ayant une ou plusieurs compagnies non réunies en bataillon;

3° Par compagnie formée de gardes nationaux de plusieurs communes.

86. Dans les villes qui comprennent une ou plusieurs légions, il y a un conseil de discipline pour juger les colonels et lieutenants-colonels.

87. Le conseil de discipline de la garde nationale d'une commune ayant une ou plusieurs compagnies non réunies en bataillon, et celui d'une compagnie formée de gardes nationaux de plusieurs communes, sont composés de cinq juges, savoir :

Un capitaine, président; un lieutenant ou un sous-lieutenant, un sergent, un caporal et un garde national.

88. Le conseil de discipline de bataillon est composé de sept juges, savoir : le chef de bataillon, président ; un capitaine, un lieutenant ou un sous-lieutenant, un sergent, un caporal et deux gardes nationaux.

89. Le conseil de discipline pour les colonels et lieutenants-colonels est composé de sept juges, savoir :

Pour les légions non réunies sous un commandant supérieur,

D'un chef de légion, désigné par le sort, parmi ceux des cinq légions les plus voisines, président ;

Deux chefs de légion ou deux lieutenants-colonels, suivant le grade du prévenu, désignés selon le mode indiqué dans le paragraphe précédent ;

Deux chefs de bataillon ;

Deux capitaines.

Dans le département de la Seine et dans les villes où il existe un commandant supérieur :

Le commandant supérieur, président ;

Deux colonels ou lieutenants-colonels ;

Deux chefs de bataillon ou d'escadron ;

Deux capitaines.

Le commandant supérieur peut déléguer un colonel pour le remplacer comme président.

90. Lorsque l'inculpé est officier, deux officiers de son grade entrent dans le conseil de discipline en remplacement des deux derniers membres.

Si l'inculpé est chef de bataillon, trois officiers de ce grade entrent dans le conseil de discipline, le plus ancien comme président, et les deux autres comme juges, en remplacement des deux derniers membres.

Dans ce cas, comme lorsqu'il y a lieu de compléter le conseil institué par les articles 86 et 89, le sous-préfet, s'il n'y a pas dans la commune ou dans le ressort du conseil de discipline un nombre suffisant d'officiers du grade de l'inculpé, désigne, par la voie du sort, parmi les officiers du canton, et, s'il ne s'en trouve pas dans le canton, parmi ceux de l'arrondissement, les juges qui doivent compléter le conseil de discipline. A défaut, le préfet les désigne, par la voie du sort, parmi les officiers du département, ou, s'il ne s'en trouve pas du grade voulu dans le département, parmi les officiers des départements voisins.

91. Il y a, par conseil de discipline de bataillon ou de légion, un rapporteur et un secrétaire, et autant de rapporteurs et de secrétaires adjoints que les besoins du service l'exigent. Leur nombre, leur rang et le mode de leur nomination sont déterminés par des décrets du Président de la République.

92. Les conseils de discipline sont permanents; ils ne peuvent juger que lorsque cinq membres, au moins, sont présents dans les conseils de bataillon et de légion, et trois membres au moins dans les conseils de compagnie.

Les juges sont renouvelés tous les quatre mois; néanmoins, à défaut d'autres officiers du même grade, ceux qui en font partie ne sont pas remplacés.

93. Les membres des conseils de discipline sont pris successivement, suivant l'ordre de leur inscription, sur un tableau dressé par le président du conseil de recensement, assisté du chef de bataillon ou du capitaine commandant, si les compagnies ne sont pas réunies en bataillon.

Ce tableau comprend, d'après le contrôle du service ordinaire, par grade et par ancienneté : 1° tous les officiers, la moitié des sous-officiers, le quart des caporaux; 2° un nombre égal de gardes nationaux de chaque bataillon, ou des compagnies de la commune, ou de la compagnie formée de plusieurs communes.

Pour les conseils de discipline créés par l'article 86, le préfet ou le sous-préfet dresse un tableau, par grade, des colonels, lieutenants-colonels, chefs de bataillon ou d'escadron et capitaines.

Les tableaux prévus aux deux paragraphes précédents sont déposés au lieu des séances du conseil de discipline, où chaque garde national peut en prendre connaissance.

94. Lorsque la garde nationale d'une commune ou d'un canton n'a qu'un seul conseil de discipline, les gardes nationaux faisant partie des armes spéciales sont justiciables de ce conseil.

S'il y a plusieurs bataillons dans le même canton, les gardes nationaux des armes spéciales sont justiciables du même conseil de discipline que les compagnies de leur commune.

S'il y a plusieurs bataillons dans la même commune, le préfet détermine de quel conseil de discipline ces gardes nationaux sont justiciables.

Dans ces trois cas, les officiers, sous-officiers, caporaux et gardes nationaux des armes spéciales concourent pour la formation du tableau du conseil de discipline.

95. Tout garde national qui a été condamné deux fois par le conseil de discipline, ou une fois par le tribunal de police correctionnelle, est rayé pour une année du tableau servant à former le conseil de discipline.

SECTION III.

DE L'INSTRUCTION ET DES JUGEMENTS.

96. Le conseil de discipline est saisi, par le renvoi que lui fait le chef de corps, de tous les rapports, procès-verbaux ou plaintes constatant les faits qui peuvent donner lieu à une poursuite.

Lorsqu'il y aura lieu à poursuite contre le chef de corps, le conseil de discipline sera saisi par le préfet.

97. L'officier rapporteur fait citer l'inculpé.

La citation est portée à domicile par un agent de la force publique. Si cet agent appartient à un corps soldé, il ne peut être employé que sur la réquisition de l'autorité municipale.

98. En cas d'absence, tout membre du conseil de discipline non valablement excusé est condamné par le conseil de discipline à une amende de cinq francs à quinze francs au profit de la commune du contrevenant, et il est remplacé par l'officier, sous-officier, caporal ou garde national qui doit être appelé immédiatement après lui.

Dans les conseils de discipline des bataillons cantonnaux, le juge absent est remplacé, d'après l'ordre du tableau, par un officier, sous-officier, caporal ou garde national du lieu où siége le conseil.

99. Le garde national cité comparaît en personne ou par un fondé de pouvoirs. — Il peut être assisté d'un conseil.

100. Si le prévenu ne comparaît pas au jour et à l'heure fixés par la citation, il est jugé par défaut.

L'opposition au jugement par défaut doit être formée dans le délai de trois jours, à compter de la notification du jugement. Cette opposition peut être faite par déclaration au bas de la signification. L'opposant est cité pour comparaître à la plus prochaine séance du conseil de discipline.

S'il n'y a pas opposition, ou si l'opposant ne comparaît pas à la séance indiquée, le jugement par défaut devient définitif.

101. L'instruction de chaque affaire devant le conseil est publique, à peine de nullité.

La police de l'audience appartient au président, qui peut faire expulser ou arrêter quiconque troublerait l'ordre.

Si le trouble est causé par un délit, il est dressé procès-verbal par le secrétaire sur l'ordre du président.

L'auteur du trouble est jugé immédiatement par le conseil si c'est un garde national, et si la faute n'emporte qu'une peine que le conseil puisse prononcer.

Dans tout autre cas, le procès-verbal est transmis au procureur de la République, et, s'il y a lieu, le délinquant est mis à la disposition de ce magistrat.

102. L'instruction devant le conseil a lieu de la manière suivante :

Le secrétaire appelle l'affaire.

En cas de récusation, le conseil statue. Si la récusation est admise, le président appelle, selon les règles établies par l'article 98, les juges suppléants nécessaires pour compléter le conseil.

Si le prévenu décline la juridiction du conseil de discipline, le conseil statue d'abord sur sa compétence ; s'il se déclare incompétent, l'affaire est renvoyée devant qui de droit.

Les témoins, s'il en a été appelé par le rapporteur ou l'inculpé, sont entendus, après avoir prêté le serment prescrit par l'article 155 du Code d'instruction criminelle.

En cas de non-comparution, tout témoin non valablement excusé est condamné, par le conseil de discipline, à une amende de un franc au moins, et de quinze francs au plus.

Le prévenu ou son conseil est entendu.

Le rapporteur donne ses conclusions.

L'inculpé ou son fondé de pouvoirs et son conseil peuvent présenter leurs observations.

Le conseil délibère en secret et hors de la présence du rapporteur ; le jugement est motivé ; il est prononcé en séance publique, et signé du président et du secrétaire du conseil.

103. Les mandats d'exécution de jugement des conseils de discipline sont délivrés dans la même forme que ceux des tribunaux de simple police.

Toutefois, les agents de la force publique n'ont droit à aucune espèce d'indemnité pour la notification de même que pour l'exécution forcée des jugements emportant la peine de l'emprisonnement.

104. Il n'y a de recours contre les jugements définitifs des conseils de discipline que devant la cour de cassation, pour incompétence, excès de pouvoirs ou violation de la loi.

Le pourvoi en cassation est suspensif à l'égard des jugements prononçant soit l'emprisonnement, soit une autre peine avec mise à l'ordre, dans les cas prévus par les nos 2, 4 et 5 de l'article 72.

Le condamné est dispensé de la mise en état.

Dans tous les cas ce recours n'est assujetti qu'à l'amende de cinquante francs pour les jugements contradictoires et de vingt-cinq francs pour les jugements par défaut.

L'amende sera déposée dans les dix jours du pourvoi, sous peine de déchéance.

105. Le condamné a trois jours francs, à partir du jour de la notification, et le rapporteur a le même délai, à par-

tir de la prononciation du jugement, pour se pourvoir en cassation.

106. Les jugements des conseils de discipline ne peuvent, en aucun cas, prononcer de condamnation aux dépens.

Tous actes de poursuite devant les conseils de discipline, tous jugements, recours et arrêts rendus en vertu de la présente loi, sont dispensés du timbre et enregistrés gratis.

Titre V.

DES DÉTACHEMENTS DE LA GARDE NATIONALE.

SECTION PREMIÈRE.

APPEL ET SERVICE DES DÉTACHEMENTS.

107. La garde nationale doit fournir des détachements :

1° En cas d'insuffisance de la gendarmerie et de la troupe de ligne, pour escorter, d'une ville à l'autre, les convois de poudre, de fonds ou d'effets appartenant à l'État, et pour la conduite des accusés, des condamnés et autres prisonniers;

2° Pour porter secours aux communes, arrondissements et départements voisins qui seraient troublés ou menacés par des émeutes, des séditions, ou par des associations de malfaiteurs;

3° Pour porter secours d'un lieu dans un autre pour le maintien ou le rétablissement de l'ordre et de la paix publique.

108. Lorsque, dans les cas prévus par l'article précédent, des détachements de la garde nationale en service ordinaire doivent agir dans toute l'étendue de l'arrondissement, ils sont mis en mouvement sur la réquisition du sous-préfet, et s'ils doivent agir dans toute l'étendue du département, sur la réquisition du préfet ; si leur action doit s'étendre hors du département, ils sont mis en mouvement en vertu d'un décret du Président de la République.

Les contingents communaux sont réunis par canton, et

les contingents cantonaux par arrondissement, sous le commandement d'un officier supérieur en grade aux commandants particuliers des détachements communaux et cantonaux; cet officier est désigné par le préfet ou le sous-préfet.

Un officier général ou supérieur de la garde nationale est investi, par le préfet, du commandement supérieur de la réunion des détachements de tout un département.

En cas d'urgence et sur la demande écrite du maire d'un commune en danger, les maires des communes limitrophes, sans distinction de département, peuvent requérir un détachement de la garde nationale de marcher immédiatement sur le point menacé, sauf à rendre compte, dans le plus bref délai, du mouvement et des motifs à l'autorité supérieure.

Dans tous ces cas, l'autorité militaire ne prend le commandement des détachements de la garde nationale que sur la réquisition de l'autorité administrative.

109. L'acte en vertu duquel, dans les cas déterminés par les deux articles précédents, la garde nationale est appelée à faire un service de détachement, fixe le nombre des hommes requis.

110. Lors de l'appel fait conformément aux articles précédents, le maire, assisté du commandant de la garde nationale de chaque commune, désigne parmi les hommes inscrits sur le contrôle du service ordinaire, ceux qui devront faire partie du détachement, en commençant par les célibataires et les moins âgés.

111. Lorsque les détachements des gardes nationales s'éloignent de leur commune pendant plus de vingt-quatre heures, ils sont assimilés à la troupe de ligne pour la solde, l'indemnité de route et les prestations en nature.

112. Les détachements à l'intérieur ne peuvent être requis de faire, hors de leurs foyers, un service de plus de dix jours, que sur la réquisition du sous-préfet; un service de plus de vingt jours, que sur la réquisition du préfet; et un service de plus de soixante jours, qu'en vertu d'un décret du Président de la République.

SECTION II.

DISCIPLINE.

113. Lorsque, conformément à l'article 108, la garde nationale doit fournir des détachements en service ordinaire, sur la réquisition du sous-préfet, du préfet ou en vertu d'un décret, les peines de discipline sont fixées ainsi qu'il suit :

Pour les officiers, 1° les arrêts simples pour dix jours au plus ; 2° la réprimande avec mise à l'ordre ; 3° les arrêts de rigueur pour six jours au plus ; 4° la prison pour six jours au plus.

Pour les sous-officiers, caporaux et soldats, 1° la consigne pour dix jours au plus ; 2° la réprimande avec mise à l'ordre ; 3° la salle de discipline pour six jours au plus ; 4° la prison pour six jours au plus.

114. Les arrêts de rigueur, la prison et la réprimande avec mise à l'ordre ne peuvent être infligés que par le chef de corps ; les autres peines peuvent l'être par tout supérieur à son inférieur, à la charge d'en rendre compte dans les vingt-quatre heures, en observant la hiérarchie des grades.

115. La privation du grade pour les causes énoncées dans les articles 75 et 79 ne peut être prononcée que par le conseil de discipline, composé, selon les cas, conformément à la section II du titre IV.

Il n'y a qu'un seul conseil de discipline pour tous les détachements du même arrondissement de sous-préfecture. Les membres sont nommés par le commandant supérieur des détachements.

116. Tout garde national qui, désigné pour faire partie d'un détachement, refuse d'obtempérer à la réquisition ou quitte le détachement sans autorisation, est traduit en police correctionnelle, et puni d'un emprisonnement qui ne peut être inférieur à dix jours ni excéder trois mois ; s'il est officier, sous-officier ou caporal, il est, en outre, privé de son grade.

Titre VI.

DES CORPS MOBILISÉS.

117. Il sera pourvu par une loi spéciale à l'organisation et au service de la garde nationale mobilisée (1).

Titre VII.

DISPOSITIONS SPÉCIALES.

118. Les gardes nationaux blessés dans l'accomplissement de leur service, leurs veuves et leurs enfants, auront droit à des pensions, secours et récompenses qui seront déterminés par des lois spéciales.

119. Dans les deux ans qui suivront la promulgation de la présente loi, le Gouvernement procédera à l'organisation successive des corps de la garde nationale dans toutes les communes de la République. Il sera procédé aux élections immédiatement après cette réorganisation.

Dans le même délai, il sera procédé à l'inspection et, s'il y a lieu, au retrait provisoire des armes, là où le Gouvernement le jugera nécessaire, afin de pourvoir à une nouvelle répartition de l'armement.

Les gardes nationales dissoutes en vertu du paragraphe 1er de l'article 5 de la loi du 22 mars 1831 ne seront réorganisées qu'à la même époque et dans le même délai.

Les corps actuels de la garde nationale et leur cadre sont maintenus jusqu'à l'organisation prescrite par le premier paragraphe du présent article.

120. Sont abrogés les titres I, II, III, IV, V de la loi du 22 mars 1831 (2), les lois des 14 juillet 1837 et 30 avril 1846,

(1) La loi du 1er février 1868 a, par ses articles 3 à 17 (rapportés pages 72 et suivantes), organisé la garde nationale mobile.

(2) Il ne restait plus, de la loi du 21 mars 1831, que le titre VI, titre qui a été abrogé par la loi du 1er février 1868.

les décrets ou arrêtés des 8 et 13 mars et du 30 avril 1848, sur la garde nationale, ainsi que toutes les dispositions relatives au service et à l'administration de la garde nationale qui seraient contraires à la présente loi.

LOI du 26 avril 1855, relative à la création d'une dotation de l'armée, au rengagement, au remplacement et aux pensions militaires.

Titre Ier.

DE LA DOTATION DE L'ARMÉE.

ART. 1er. Une dotation est créée, dans l'intérêt de l'armée, sous la surveillance et la garantie de l'Etat.

La dotation de l'armée est formée par les prestations en argent que détermine la présente loi.

Elle peut recevoir des dons et legs.

La caisse de la dotation reçoit, à titre de dépôt, les versements volontaires qui lui sont faits par les militaires de tous grades, dans le cours de leur service.

Elle est gérée par l'administration de la caisse des dépôts et consignations, et constitue un service spécial, dont le budget et les comptes sont annexés à ceux du ministère de la guerre.

2. La dotation de l'armée pourvoit au paiement des allocations établies par la présente loi et aux dépenses prévues par l'article 20.

3. Les excédants disponibles sur les recettes faites par la caisse de la dotation sont successivement employés en achats de rentes sur l'Etat.

Ces rentes sont inscrites au nom de la dotation de l'armée.

4. Une commission supérieure composée de quinze membres nommés par l'Empereur, et dont les fonctions sont gratuites, surveille et contrôle toutes les opérations relatives à la dotation de l'armée.

Cette commission comprend au moins trois membres du Sénat et trois députés au Corps législatif.

Elle présente, chaque année, à l'Empereur, un rapport sur la situation générale de la dotation.

Titre II (1).

DE L'EXONÉRATION DU SERVICE.

5. Les jeunes gens compris dans le contingent annuel obtiennent l'exonération du service, au moyen de prestations versées à la caisse de la dotation, et destinées à assurer leur remplacement dans l'armée, par la voie du rengagement d'anciens militaires.

6. Le taux de la prestation individuelle est fixé, chaque année, sur la proposition de la commission supérieure, par un arrêté du ministre de la guerre.

7. Les versements des prestations à la caisse de la dotation doivent être effectués dans les dix jours qui suivent la clôture des opérations des conseils de révision.

A l'expiration de ce délai, le conseil de révision, réuni au chef-lieu de département, prononce les exonérations sur la présentation des récépissés de versement.

8. Les militaires sous les drapeaux peuvent être admis à l'exonération du service par le versement d'une prestation dont le taux est fixé conformément aux dispositions des articles 5 et 6.

L'exonération est prononcée, dans ce cas, par les conseils d'administration des corps auxquels sont présentés les récépissés de versement.

9. La caisse de la dotation est autorisée à recevoir, au nom des jeunes gens, avant l'appel de leur classe, des versements applicables à leur exonération ultérieure du service, s'il y a lieu.

10. Le mode de remplacement établi par la loi du

(1) Les titres II, III et V de cette loi sont abrogés pour les classes des années 1868 et suivantes, ils sont maintenus, transitoirement seulement, pour la classe de 1867.

21 mars 1832 est supprimé, si ce n'est entre frères, beaux-frères et parents jusqu'au quatrième degré.

La substitution de numéro, autorisée par cette loi, est maintenue.

Titre III (1).

DES RENGAGEMENTS.

11. (*Ainsi modifié* : Loi du 24 juillet 1860.)

Les rengagements sont d'une durée de deux ans au moins et de sept ans au plus.

Ils ne peuvent être contractés que par les militaires qui accomplissent leur septième année de service, soit dans l'armée active, soit dans la réserve, ou par les engagés volontaires qui sont dans leur quatrième année de service.

La faculté de se rengager dès la quatrième année de service pourra, en vertu d'un décret impérial, être étendue à tous les militaires indistinctement. La durée des rengagements est réglée de manière que les militaires ne soient pas maintenus sous les drapeaux après l'âge de quarante-sept ans.

12. Le premier rengagement de sept ans donne droit :

1° A une somme de mille francs, dont cent francs payables le jour du rengagement ou de l'incorporation, deux cents francs, soit au jour du rengagement ou de l'incorporation, soit pendant le cours du service, sur l'avis du conseil d'administration du corps, et sept cents francs à la libération définitive du sevice ;

2° A une haute paye de rengagement de dix centimes par jour.

Tout rengagement contracté pour moins de sept ans donne droit, jusqu'à quatorze ans de service :

1° A une somme de cent francs par chaque année, payable à la libération du service ;

2° A la haute paye de rengagement de dix centimes par jour.

(1) Voyez la note 1, page 65

Après quatorze ans de service, le rengagé n'a droit qu'à une haute paye de rengagement de vingt centimes.

13. (*Ainsi modifié* : Loi du 24 juillet 1860). L'engagement volontaire, après délibération, contracté pour une durée de deux à sept ans, dans les conditions prescrites par l'article 11, et moins de deux ans après cette libération, donne droit, suivant sa durée, aux avantages spécifiés par l'article 12.

14. Sur la proposition de la commission supérieure, un arrêté du ministre de la guerre peut augmenter les allocations fixées par l'article 12, autres que la haute paye.

15. En cas d'insuffisance du nombre des rengagements et des engagements volontaires après libération, comparé à celui des exonérations, des remplacements sont effectués par voie administrative.

Le prix de ces remplacements est à la charge de la dotation de l'armée.

Il est fixé, ainsi que le mode de paiement, par la commission supérieure, dans les formes indiquées à l'article précédent.

16. Les sous-officiers nommés officiers, ou appelés à l'un des emplois militaires qui leur sont dévolus en vertu des lois et règlements, ont droit, sur les sommes allouées pour rengagements, à une part proportionnelle à la durée du service qu'ils ont accompli.

17. *Ainsi modifié* : Loi du 24 juillet 1860.)

Les dispositions de l'article 16 sont applicables aux militaires passant dans des corps qui ne se recrutent pas par la voie des appels.

Néanmoins, les sommes dues à ces derniers ne leur sont payées, en tout ou partie, que sur l'avis du Conseil d'administration du nouveau corps.

Les mêmes dispositions sont applicables aux militaires réformés ou retraités; mais ceux de ces militaires dont la réforme ou la retraite aurait été prononcée par suite de blessures reçues ou d'infirmités contractées dans un service commandé, reçoivent la totalité des sommes qui leur reviennent en vertu des actes qui les lient au service.

18. (*Ainsi modifié* : Loi du 24 juillet 1860.)

Les sommes attribuées par les articles 12 et 13 aux rengagés et aux engagés volontaires après libération, et celles attribuées aux remplacements par voie administrative, en exécution de l'article 15, sont incessibles et insaisissables.

En cas de mort, une part de ces sommes, proportionnelle à la durée du service, est dévolue aux héritiers et ayants cause des militaires.

Toutefois, si la mort des militaires a eu lieu à la suite de blessures reçues ou d'infirmités contractées dans un service commandé, la totalité des allocations qui leur auraient été attribuées appartiendra à leurs héritiers ou ayants cause.

En cas de déshérence, les sommes dues profitent à la dotation de l'armée.

Titre IV.

DES PENSIONS DE RETRAITE DES SOUS-OFFICIERS, CAPORAUX OU BRIGADIERS ET SOLDATS.

19. Le maximum et le minimum de la pension de la retraite, fixés par la loi du 11 avril 1831, sont augmentés de cent soixante-cinq francs pour les sous-officiers, caporaux, brigadiers et soldats.

Le droit à la pension de retraite par ancienneté est acquis à ces militaires à vingt-cinq ans accomplis de service effectif.

Toutes les autres dispositions de la loi du 11 avril 1831 sont maintenues.

20. Le surcroît de dépenses résultant de l'exécution de l'article précédent est prélevé sur l'actif de la dotation de l'armée, mais seulement en ce qui concerne les pensions des militaires des corps qui se recrutent par la voie des appels.

Titre V (1).

DISPOSITIONS GÉNÉRALES ET TRANSITOIRES.

21. Les sous-officiers, caporaux, brigadiers et soldats qui sont actuellement sous les drapeaux, sont tenus, quels que soient leur âge et la durée de leur service, d'accomplir le temps de leur engagement.

Les mêmes militaires qui, au jour de la promulgation de la loi, n'auraient pas encore vingt-cinq ans de service effectif, pourront être autorisés à se rengager, même quand ils seraient âgés de plus de quarante-sept ans.

22. Le règlement d'administration publique à intervenir concernant les mesures nécessaires à l'exécution de la présente loi déterminera :

1° Les formes des demandes d'exonération et les conditions de leur admission ;

2° L'organisation de la caisse de la dotation de l'armée et de son service spécial ; le mode de remboursement et le taux de l'intérêt des sommes qui y seront déposées ; les conditions de paiement des sommes allouées aux rengagements, et les rapports financiers entre l'Etat, la caisse des dépôts et consignations et la dotation de l'armée ;

3° Le mode d'exécution de l'article 9 relatif aux versements faits avant l'appel ;

4° Les formes et les conditions générales des remplacements, dans le cas prévu par l'article 15.

23. La présente loi est exécutoire à partir du 1er janvier 1856.

Toutes dispositions contraires sont abrogées à partir de la même époque.

Néanmoins, les rengagements et engagements contractés dans les conditions de la présente loi, pendant l'année 1855, compteront pour l'exonération des jeunes gens compris dans le contingent de la classe de ladite année, et

(1) Voyez la note 1, page 65.

donneront droit, en conséquence, aux allocations réglées par les articles 12 et 13.

Il sera pourvu aux dépenses qui résulteront, en 1855, de l'application des dispositions du paragraphe précédent, à l'aide des avances qui pourront être faites à la dotation de l'armée par la caisse des dépôts et consignations. Ces avances seront remboursées, en 1856, sur le produit des versements des prestations pour exonération du service militaire.

Les dispositions de l'article 19 de cette loi sont applicables aux pensions de retraite qui seront concédées en 1855, à partir de sa promulgation.

LOI du 24 juillet 1860, qui modifie les articles 11, 13, 17 et 18 de la loi du 26 avril 1855, relative à la création d'une dotation de l'armée, au rengagement, au remplacement et aux pensions militaires.

Voyez ces articles 11, 13, 17 et 18 à leur place dans la loi du 26 avril 1855 (1).

LOI du 4 juin 1864, sur les dispenses à accorder aux frères des militaires servant à titre de rengagés ou d'engagés volontaires après libération (2).

Article unique. Sera dispensé et compté numériquement dans le contingent à former le frère du militaire qui accomplit un premier rengagement ou un premier engagement volontaire de sept ans, après libération dans les conditions de la loi du 26 avril 1855.

(1) Cette loi est et demeurera abrogée pour les classes des années 1868 et suivantes ; elle n'est maintenue transitoirement que pour la classe de 1867 (voyez pages 71 et 78, les articles 2 et 13 de la loi du 1er février 1868).

(2) Cette loi est et demeurera abrogée pour les classes des années 1868 et suivantes ; elle n'est maintenue transitoirement que pour la classe de 1867 (voyez pages 71 et 78, les articles 2 et 13 de la loi du 1er février 1868).

Le rengagé ou l'engagé volontaire après libération qui accomplit un deuxième ou un troisième rengagement de sept années de service continuera à exempter son frère, conformément aux dispositions de l'article 13 de la loi du 21 mars 1832.

Les dispenses conférées en vertu de la présente loi seront assimilées, quant à leurs effets, aux exemptions accordées par application de l'article 13 de la loi du 21 mars 1832, en ce qui concerne les déductions prescrites par le onzième paragraphe de cet article.

LOI du 1er février 1868, sur le recrutement de l'Armée et l'organisation de la Garde nationale mobile.

Titre Ier.

DU RECRUTEMENT DE L'ARMÉE.

Art. 1er. Les articles 4, 13, 15, 30, 33 et 36 de la loi du 21 mars 1832 sont modifiés ainsi qu'il suit (1) :

2. Les titres II, III et V de la loi du 26 avril 1855, relative à la dotation de l'armée, et les lois des 24 juillet 1860 et 4 juin 1864, sont abrogés.

Les substitutions d'hommes sur la liste cantonale et le remplacement sont autorisés conformément aux articles 17, 18, 19, 20, 21, 22, 23, 24, 28 et 29 de la loi du 21 mars 1832, lesquels sont remis en vigueur.

Est également remis en vigueur le titre III de la même loi, sauf les modifications apportées aux articles 33 et 36 par l'article 1er de la présente loi (2).

(1) Voyez ces articles 4, 13, 15, 30, 33 et 36 à leur place dans la loi du 21 mars 1832, loi rapportée pages 7 et suivantes.

(2) Le système de l'exonération et des engagements ou rengagements avec prime est abandonné, mais on rétablit les remplacements et les substitutions déterminés par la loi de 1832 (rapportée pages 7 et suivantes).

Titre II.

DE LA GARDE NATIONALE MOBILE (1).

SECTION Ire

DE SA COMPOSITION. — DE SON OBJET. — DE LA DURÉE DU SERVICE.

3. Une garde nationale mobile sera constituée à l'effet de concourir, comme auxiliaire de l'armée active, à la défense des places fortes, des côtes et frontières de l'Empire, et au maintien de l'ordre dans l'intérieur.

Elle ne peut être appelée à l'activité que par une loi spéciale.

Toutefois, les bataillons qui la composent peuvent être réunis au chef-lieu ou sur un point quelconque de leur département, par un décret de l'Empereur, dans les vingt jours précédant la présentation de la loi de mise en activité.

Dans ce cas, le ministre de la guerre pourvoit au logement et à la nourriture des officiers, sous-officiers, caporaux et soldats (2).

(1) La garde nationale mobile n'est point une création de la nouvelle loi, sa nécessité et son existence ont été reconnues par les lois des 22 mars 1831 et 13 janvier 1851. En l'organisant aujourd'hui, la loi du 1er février 1868 remplit les intentions des précédents législateurs et elle fait disparaître du système de notre défense nationale une regrettable lacune.

(2) Le service de la garde nationale mobile comprend trois situations distinctes :

1° L'état ordinaire ;

2° Les vingt jours de la période de formation qui suivent l'appel effectué par décret de l'Empereur ;

3° L'activité déterminée par la loi.

Ainsi, de même qu'il faut une loi pour voter le contingent et pour mettre à la disposition du gouvernement les

4. La garde nationale mobile se compose :

1° Des jeunes gens des classes des années 1867 et suivantes qui n'ont pas été compris dans le contingent, en raison de leur numéro du tirage ;

2° De ceux des mêmes classes auxquels il a été fait application des cas d'exemption prévus par les n°s 3, 4, 5, 6 et 7 de l'article 13 de la loi du 21 mars 1832 ;

3° De ceux des mêmes classes qui se seront fait remplacer dans l'armée.

Peuvent également être admis dans la garde nationale mobile ceux qui, libérés du service militaire ou de la garde nationale mobile, demandent à en faire partie.

Les substitutions sont autorisées dans la famille jusqu'au sixième degré inclusivement ; le substitué doit être âgé de moins de quarante ans et remplir les conditions prévues par la loi de 1832.

Les conseils de révision exemptent du service de la garde nationale mobile les jeunes gens compris sous les paragraphes 1 et 2 de l'article 13 de la loi de 1832.

Les conseils de révision dispensent du service dans la garde nationale mobile :

1° Ceux auxquels leurs fonctions confèrent le droit de requérir la force publique ;

2° Les ouvriers des établissements de la marine impériale et ceux des arsenaux et manufactures d'armes de l'État dont les services ouvrent des droits à la pension de retraite ;

3° Les préposés du service actif des douanes et des contributions indirectes;

4° Les facteurs de la poste aux lettres ;

jeunes soldats que réclament chaque année les besoins de l'armée, de même il en faudra une pour appeler la garde nationale mobile à l'activité ; d'où le pays, dans la personne de ses représentants, reste juge des sacrifices qu'il doit s'imposer pour la sauvegarde de son honneur, de ses intérêts et de sa sécurité.

5° Les mécaniciens de locomotive sur les chemins de fer.

Les conseils de révision dispensent également les jeunes gens se trouvant dans l'un des cas de dispenses prévues par l'article 14 de la loi de 1832, par l'article 79 de la loi du 15 mars 1850 et par l'article 18 de la loi du 10 avril 1867, les jeunes gens qui auront contracté avant le tirage au sort l'engagement de rester dix ans dans l'enseignement primaire, et qui seront attachés, soit en qualité d'instituteur ou en qualité d'instituteur adjoint, à une école libre existant depuis au moins deux ans, ayant au moins trente élèves.

La dispense ne peut s'appliquer aux instituteurs et aux instituteurs adjoints d'une même école que dans la proportion d'une par chaque fraction de trente élèves.

Les conseils de révision dispenseront également, à titre de soutiens de famille et jusqu'à concurrence de dix pour cent, ceux qui auront le plus de titres à la dispense.

Sont exclus de la garde nationale mobile les individus désignés aux n°s 1 et 2 de l'article 2 de la loi du 21 mars 1832.

5. La durée du service dans la garde nationale mobile est de cinq ans.

Elle compte du 1er juillet de l'année du tirage au sort.

6. Les jeunes gens de la garde nationale mobile continuent à jouir de tous les droits du citoyen : ils peuvent contracter mariage sans autorisation, à quelque période que ce soit de leur service ; ils peuvent librement changer de domicile ou de résidence ; ils peuvent voyager en France ou à l'étranger, sans que le manquement aux exercices ou aux réunions résultant de cette absence puisse devenir contre eux le motif d'une poursuite.

Tout garde national mobile peut être admis comme remplaçant, dans l'armée active ou dans la réserve, s'il remplit les conditions des articles 19, 20 et 21 de la loi du 21 mars 1832 ; dans ce cas, le remplacé est tenu de s'habiller et de s'équiper à ses frais comme garde national mobile (1).

7. En cas d'appel à l'activité ou de réunion des bataillons de la garde nationale mobile conformément à l'article 3 de la présente loi, le conseil de révision, réuni au chef-lieu de département ou d'arrondissement, dispensera du service d'activité, à titre de soutiens de famille et jusqu'à concurrence de quatre pour cent, ceux qui auront le plus de titres à cette dispense.

Pourront se faire remplacer par un Français âgé de moins de quarante ans et remplissant les autres conditions exigées par les articles 19, 20 et 21 de la loi du 21 mars 1832, ceux qui se trouvent dans l'un des cas d'exemption prévus par les nos 3, 4, 5, 6 et 7 de l'article 13 de ladite loi.

Le conseil de révision statuera sur les demandes de remplacement et sur l'admission des remplaçants.

SECTION II.

DE L'ORGANISATION DE LA GARDE NATIONALE MOBILE. — DE SON INSTRUCTION. — DES PEINES DISCIPLINAIRES.

8. La garde nationale mobile est organisée par départements, en bataillons, compagnies et batteries.

Les officiers sont nommés par l'Empereur, et les sous-officiers et caporaux par l'autorité militaire.

Ils ne reçoivent de traitement que si la garde nationale mobile est appelée à l'activité.

Sont seuls exceptés de cette disposition, l'officier chargé spécialement de l'administration et les officiers et sous-officiers instructeurs.

9. Les jeunes gens de la garde nationale mobile sont soumis, à moins d'absence légitime :

(1) La loi nouvelle n'apporte, en temps de paix, aucun obstacle, aucune restriction aux droits et aux libertés dont les membres de la garde nationale mobile jouissaient en leur qualité de citoyens. Mariage, changement de domicile, voyages, rien ne leur est interdit.

1º A des exercices qui ont lieu dans le canton de la résidence ou du domicile ;

2º A des réunions par compagnie ou par bataillon, qui ont lieu dans la circonscription de la compagnie ou du bataillon.

Chaque exercice ou réunion ne peut donner lieu, pour les jeunes gens qui y sont appelés, à un déplacement de plus d'une journée.

Ces exercices ou réunions ne peuvent se répéter plus de quinze fois par année.

Toute absence dont les causes ne sont pas reconnues légitimes sera constatée par l'officier ou le sous-officier de la compagnie, qui devra faire viser son rapport par le maire de la commune, lequel donnera son avis.

Après trois constatations faites dans l'espace d'un an, le garde national mobile peut être poursuivi, conformément à l'article 83 de la loi du 13 juin 1851, devant le tribunal correctionnel, lequel, après vérification des causes d'absence, le condamne, s'il y a lieu, aux peines édictées par ledit article. (1)

Sont exemptés des exercices ceux qui justifient d'une connaissance suffisante du maniement des armes et de l'école du soldat.

10. Pendant la durée des exercices et des réunions, la garde nationale mobile est soumise à la discipline réglée par les articles 113, 114 et 116 de la section II du ti-

(1) Conformément à cet article 9, des mesures disciplinaires peuvent atteindre le garde national mobile qui, présent à son foyer, voudrait, pour son simple agrément et sans autre motif que son caprice, se soustraire à l'obligation de l'instruction militaire.

La punition que la loi applique à cette faute est empruntée à la loi du 13 juin 1851 sur la garde nationale sédentaire; mais, au lieu d'être prononcée par un conseil de discipline, elle l'est par le tribunal correctionnel, sur la plainte de l'officier ou du sous-officier de la compagnie, visée par le maire de la commune.

Voyez (page 53) l'article 83 de la loi du 13 juin 1851.

tre IV de la loi du 13 juin 1851, sur la garde nationale, ainsi que par les articles 5, 81 et 83 de ladite loi.

Les peines énoncées à l'article 113 sont applicables, selon la gravité des cas, aux fautes énumérées aux articles 73, 74 et 76 de la section 1re du titre IV.

La privation du grade est encourue dans les cas prévus aux articles 75 et 76 ; elle est prononcée :

Pour les officiers, par l'Empereur, sur un rapport du ministre de la guerre ;

Pour les sous-officiers, caporaux ou brigadiers, par l'autorité militaire.

Les officiers, sous-officiers, caporaux ou brigadiers employés à l'administration ou à l'instruction sont soumis à la discipline militaire pendant la durée de leurs fonctions (1).

SECTION III.

DE LA MISE EN ACTIVITÉ.

11. A dater de la promulgation de la loi de mise en activité de la garde nationale mobile, les officiers, sous-officiers, caporaux et gardes nationaux qui la composent sont soumis à la discipline et aux lois militaires. Ils supportent les charges et jouissent des avantages attachés à la situation des soldats, caporaux, sous-officiciers et officiers de l'armée (2).

12. Sont abrogées toutes les dispositions contraires à la

(1) Voyez la loi du 13 juin 1851.

(2) Après la promulgation de la loi d'appel, la garde nationale mobile passe sous le régime militaire. Les officiers, sous-officiers, caporaux et soldats de la garde mobile reçoivent la même solde et les mêmes prestations; acquièrent, le cas échéant, pour eux-mêmes, ou confèrent à leurs veuves ou à leurs enfants, les mêmes droits à la pension; ils créent à leurs frères puînés les mêmes titres à l'exemption que s'ils étaient soldats, caporaux, sous-officiers ou officiers dans l'armée active.

présente loi, et spécialement le titre VI de la loi du 22 mars 1831. (1)

SECTION IV.

DISPOSITIONS TRANSITOIRES RELATIVES AU TITRE 1er.

13. Les jeunes gens compris dans le contingent de la classe de 1867 jouiront simultanément du droit de se faire remplacer ou exonérer.

Le nombre des exonérations ne pourra dépasser le nombre des rengagements et des engagements après libération qui auront été contractés avant le 1er avril 1868.

Le nombre des exonérations sera réparti par canton, par arrêté du ministre de la guerre, proportionnellement à celui des exonérations prononcées en 1867 dans dans le même canton.

Les exonérations seront prononcées suivant l'ordre des numéros des tirages, en commençant par les derniers.

DISPOSITIONS TRANSITOIRES RELATIVES AU TITRE II.

14. Font partie de la garde nationale mobile, à partir de la promulgation de la présente loi, sauf les exceptions prévues par l'article 4 de la présente loi, les hommes célibataires ou veufs sans enfants des classes 1866, 1865, 1864 qui ont été libérés par les conseils de révision.

Ceux de la classe de 1866 y serviront quatre ans.

Ceux de la classe de 1865 y serviront trois ans.

Ceux de la classe de 1864 y serviront deux ans.

L'engagement de rester dix ans dans l'enseignement, prévu par les lois de 1832, 1850 et 1867, pourra être pris au moment où il sera procédé à la formation de la garde

(1) La loi du 13 juin 1851 sur la garde nationale ayant abrogé les titres I, II, III, IV et V de la loi du 22 mars 1831, et l'article 12 ci-dessus abrogeant le titre VI et dernier de cette loi, il en résulte qu'elle est entièrement abrogée.

nationale mobile, en vertu des dispositions transitoires ci-dessus. (1)

15. Le maire, assisté des quatre conseillers municipaux les premiers inscrits sur le tableau, dresse l'état de recensement des jeunes gens de sa commune qui doivent faire partie de la garde nationale mobile conformément à l'article précédent.

A Paris et à Lyon, cet état est dressé par le préfet ou son délégué, assisté de trois membres du conseil municipal et du maire de chaque arrondissement, pour le recensement de cet arrondissement.

16. Un conseil de révision par arrondissement juge, en séance publique, les causes d'exemption qui ne peuvent être que celles prévues par les nos 1 et 2 de l'article 13 de la loi de 1832, et les cas de dispense prévus par l'article 14 de la même loi et par les articles 79 de la loi du 15 mars 1850 et 18 de la loi du 10 avril 1867. (2)

Toutefois ce conseil de révision peut exempter, comme soutiens de famille, jusqu'à concurrence de dix pour

(1) Voyez ci-dessous la note 2.

(2) Voyez (pages 7 et suivantes) les nos 1 et 2 de l'article 13 de la loi de 1832.

[LOI du 15 *mars* 1850, *sur l'enseignement*.

Art. 34. Le conseil académique détermine les écoles publiques auxquelles, d'après le nombre des élèves, il doit être attaché un instituteur adjoint.

Les instituteurs adjoints peuvent n'être âgés que de dix-huit ans et ne sont pas assujettis aux conditions de l'article 25.

Ils sont nommés et révocables par l'instituteur, avec l'agrément du recteur de l'académie. Les instituteurs adjoints appartenant aux associations religieuses dont il est parlé dans l'article 31, sont nommés et peuvent être révoqués par les supérieurs de ces associations.

Le conseil municipal fixe le traitement des instituteurs adjoints. Ce traitement est à la charge exclusive de la commune.

Art. 36, § 4. Le conseil académique peut dispenser une commune d'entretenir une école publique, à condition

cent, ceux qui auront le plus de titres à l'exemption.

Ce conseil est présidé :

Au chef-lieu du département,

Par le préfet ou par le secrétaire général ou le conseiller de prefecture délégué par le préfet.

qu'elle pourvoira à l'enseignement primaire gratuit, dans une école libre, de tous les enfants dont les familles sont hors d'état d'y subvenir. Cette dispense peut toujours être retirée.

ART. 79. Les instituteurs adjoints des écoles publiques, les jeunes gens qui se préparent à l'enseignement primaire public dans les écoles désignées à cet effet, les membres ou novices des associations religieuses vouées à l'enseignement et autorisées par la loi, ou reconnues comme établissements d'utilité publique, les élèves de l'école normale supérieure, les maîtres d'étude, régents et professeurs des colléges et lycées, sont dispensés du service militaire, s'ils ont, avant l'époque fixée pour le tirage, contracté, devant le recteur, l'engagement de se vouer, pendant dix ans, à l'enseignement public, et s'ils réalisent cet engagement.

LOI du 10 avril 1867 sur l'enseignement primaire.

ART. 17. — Sont soumises à l'inspection, comme les écoles publiques, les écoles libres qui tiennent lieu d'écoles publiques, aux termes du quatrième paragraphe de l'article 36 de la loi de 1850, ou qui reçoivent une subvention de la commune, du département ou de l'Etat.

ART. 18. — L'engagement de se vouer pendant dix ans à l'enseignement public, prévu par l'article 79 de la loi du 15 mars 1850, peut être réalisé, tant par les instituteurs que par leurs adjoints, dans celles des écoles mentionnées à l'article précédent qui sont désignées à cet effet par le ministre de l'instruction publique, après avis du conseil départemental.

L'engagement décennal peut être contracté, avant le tirage, par les instituteurs-adjoints des écoles désignées ainsi qu'il vient d'être dit.

Sont applicables à ces mêmes écoles les dispositions de l'article 34 de la loi de 1850 concernant la fixation du montant des adjoints, ainsi que le mode de leur nomination et de leur révocation.

Au chef-lieu des autres arrondissements :

Par le sous-préfet.

Il comprend en outre :

Un membre du conseil général ;

Un membre du conseil d'arrondissement ;

Un officier désigné par le général commandant le département.

En cas de partage, la voix du président est prépondérante.

Un médecin militaire est attaché au conseil de révision.

Ce conseil se transporte succcessivement dans les différents chefs-lieux et cantons de l'arrondissement.

Toutefois, selon les localités, le président peut réunir, pour les opérations du conseil, les jeunes gens appartenant à plusieurs cantons.

17. La réunion des listes arrêtées par les conseils de révision des arrondissements forme la liste du contingent departemental.

Les jeunes gens faisant partie de ce contingent sont inscrits sur les registres matricules de la garde nationale mobile du département et répartis en compagnies et en bataillons d'infanterie et en batteries d'artillerie.

TABLE DES MATIÈRES

EN VENTE LES OUVRAGES SUIVANTS

COMMENTAIRE DU CODE DE JUSTICE MILITAIRE

POUR L'ARMÉE DE TERRE

Un très-fort volume, grand in-8°, par Louis Tripier, prix. . . . . 12 fr.

COMMENTAIRE DU CODE DE JUSTICE MILITAIRE

POUR L'ARMÉE DE MER

Par Louis Tripier, un volume in-8°, prix. . 8 fr.

TABLES POUR APPRENDRE FACILEMENT A CALCULER

In-8°, par Louis Tripier, prix. . . . . 30 c.

TABLE A L'AIDE DE LAQUELLE ON PEUT :

1° Agir sur les nombres composés de deux et trois chiffres aussi facilement et de la même manière que l'on a agi jusqu'ici sur les nombres composés d'un seul chiffre.

2° Faire par la soustraction toute division dont le diviseur ne renferme pas plus de trois chiffres, le dividende eût-il cent chiffres,

Par Louis Tripier, in-8°, prix. . . . . . 1 fr.

MEAUX. — IMP. A. COCHET.

www.ingramcontent.com/pod-product-compliance
Ingram Content Group UK Ltd.
Pitfield, Milton Keynes, MK11 3LW, UK
UKHW020937180726
13838UKWH00002B/995